HELMUT OBERLACK

Tai Chi Chuan
Armonía para el cuerpo, la mente y el alma

- Una forma suave de eliminar las tensiones cotidianas
- Mejora tu concentración y relajación
- Logra alegría vital y una paz interior

HISPANO EUROPEA

Índice

| Prólogo | 5 |

Para cuerpo, mente y alma   7

Un arte de la antigua China   8
La interrelación de las polaridades   8
Armonía del Yin y el Yang   9
– *Movimientos naturales*   9
– *Miles de personas practican el Tai Chi Chuan*   10
La historia del Tai Chi Chuan   10
– *Aparición de distintos estilos*   11
– *El Tai Chi Chuan en Occidente*   12
Artes marciales   12
– *Paciencia y disciplina*   13
– *Meditación en movimiento*   14
– *Perfeccionamiento de los movimientos*   15
Cómo actúa el Tai Chi Chuan sobre el individuo   15
– *Medicina tradicional china*   15
– *La opinión de la medicina occidental*   18
– *Efectos en la vida cotidiana*   21
Casos en los que hay que practicar muy poco o dejar de hacerlo por completo   22

PRÁCTICA

Ponerse en forma jugando   25

Preparativos   26
Vestimenta   26
El lugar para practicar   26
Horario y duración de los ejercicios   27
Practicar con ilusión   27
El desarrollo de los ejercicios   28

Bases de los movimientos del Tai Chi   30
Posición inicial   30
Desplazamiento del peso   33
Rotación del cuerpo   34
Movimientos de los brazos   37
Posiciones de las manos   40
Pasos   41
Posiciones de pie   43
– *Posición del paso*   43
– *Posición de los talones y posición del gato*   44

La mente   46
La mente mueve el cuerpo   46

Índice

El cuerpo y la mente van juntos	47
Preste atención	48

Unión de dentro hacia fuera — 49
Abrir las articulaciones — 50

Respiración — 52
Respiración torácica y respiración abdominal — 52
– *Respiración abdominal natural e inversa* — 53

Armonía en los movimientos — 57

Ejercicios de preparación — 58
Aflojamientos — 58
– *Rotar las articulaciones* — 58
– *Dejar que los brazos oscilen* — 59
– *Agitar* — 59
– *Golpear el cuerpo* — 60
– *El ocho acostado* — 61
Estiramientos — 62
– *Para las piernas* — 63
– *Para el tronco* — 64
– *Para los brazos* — 66
– *Para la nuca* — 67
Ejercicios respiratorios — 68
– *Ejercicio básico del Dan-Tian* — 68
– *Fuera tensiones* — 69
– *Respiración y movimiento* — 70
– *Recogimiento del Qi en dos tiempos* — 70

La forma del Tai Chi Chuan — 72
Forma abreviada del estilo Yang — 72
Orientación según los puntos cardinales — 72
Postura 1: Despertar el Qi — 74
Postura 2: Coger la cola del gorrión — 74
– *Defensa por la izquierda* — 74
– *Defensa por la derecha* — 76
– *Retroceder* — 77
– *Presionar* — 78
– *Empujar* — 78
Postura 3: El látigo — 79
Postura 4: Alzar las manos — 81
Postura 5: La grulla blanca extiende sus alas — 82
Postura 6: Cepillar la rodilla — 83
Postura 7: Tocar el laúd — 85
Figura 8: Cepillar la rodilla — 85
Postura 9: Dar un paso, girar, bloquear, puñetazo — 87
Postura 10: Empujar — 89
Postura 11: Cruzar las manos — 90

Sobre este libro — 92
Sobre el autor — 92
Índice alfabético — 93

Prólogo

Mi primera toma de contacto con el Tai Chi Chuan tuvo lugar en 1981. Un amigo me animó a participar en un seminario de Tai Chi Chuan y me sentí fascinado por este arte del movimiento y de la vida. Los movimientos relajados y tranquilos me sentaban muy bien y me proporcionaban un indescriptible frescor que me permitía afrontar la vida cotidiana de una forma totalmente nueva.

El Tai Chi Chuan irradia una ligereza incomparable, pero esa ligereza solamente se alcanza mediante el ejercicio. Cuando lea este libro y empiece a ejercitar los movimientos que en él se proponen se dará cuenta de lo difícil que es intentar describir en un libro una sucesión de movimientos. Por tanto, he procurado reducirlos a lo indispensable. Si desea seguir aprendiendo Tai Chi Chuan es imprescindible que contacte con un buen maestro, y actualmente los encontramos en cualquier ciudad medianamente importante.

Muchas personas han aprendido Tai Chi Chuan como un arte del movimiento que les es divertido de practicar a la vez que les ayuda a mantener la salud. Todos han dado el primer paso de la misma manera: aprendiendo una forma, es decir, una determinada secuencia de movimientos. Espero poder mostrarles lo suficiente acerca del Tai Chi Chuan como para que se animen a practicarlo con ilusión y no hagan como algunos que lo abandonan al cabo de poco tiempo. Si algo tiene que hacernos un bien, darnos placer y proporcionarnos una nueva alegría vital, lo que no podemos hacer es pretender que nos «llueva del cielo».

Estoy muy agradecido a Christa Proksch por su amistad y por la forma en que me transmitió este arte del movimiento a la vez que me enseñaba a analizarlo de forma crítica. También deseo expresar mi gratitud a mis amigos chinos Sui Qing Bo y Lena Du Hong por ayudarme a mejorar mi Tai Chi Chuan y mi Qi Gong. Igualmente, me siento muy agradecido a mis muchos amigos de Tai Chi. Ellos me han mostrado lo muy útil que es poder compartir las propias experiencia.

Helmut Oberlack

Para cuerpo, mente y alma

El Tai Chi Chuan está basado en la
filosofía tradicional china y surge en un
entorno cultural que a nosotros puede
parecernos muy lejano y extraño.
Pero el que empieza a practicar
el Tai Chi Chuan no tarda en sentirse
muy a gusto realizando los movimientos
que poco antes le parecían tan extraños.
Nota lo bien que le sientan los
movimientos y percibe la paz,
la relajación y el frescor que
proporcionan a quien los realiza
–tanto para los occidentales como
para millones de chinos.
El arte del Tai Chi Chuan se caracteriza
por unos movimientos lentos,
fluidos y armoniosos.
Muchos occidentales se sintieron
fascinados por estos movimientos
incluso antes de saber de qué
se trataba.

Un arte de la antigua China

Seguramente ya habrá visto en alguna ocasión personas practicando el Tai Chi Chuan, a lo mejor en algún documental de televisión sobre China, en el folleto de algún gimnasio o durante un paseo por el parque. Si es así, probablemente le habrá llamado la atención la lentitud de sus movimientos, los muchos giros y desplazamientos de peso que efectúan, y el hecho de que los pasos y los golpes parezcan estar realizados a cámara lenta.

La interrelación de las polaridades

El Tai Chi Chuan es un arte chino del movimiento que comprende tres aspectos: meditación, salud y autodefensa. Se basa en los antiguos conocimientos de los chinos acerca de la interrelación entre las fuerzas del *Yin* y el *Yang*, y la ley de la constante transformación de todas las cosas.

El conocimiento de la alternancia de todas las cosas

El Yin es el principio femenino del cosmos y el Yang el masculino, la creación. Inicialmente se consideraba el Yin como la parte en sombra de una montaña, y el Yang como la vertiente soleada. El Yin está asociado a conceptos tales como tierra, noche, oscuro, blando, frío, vacío, hundirse, retraerse, mientras que el Yang se asocia a cielo, día, claridad, dureza, calor, plenitud, subir, avanzar.

El Yin y el Yang dependen el uno del otro, ninguno de ellos puede existir sin el otro, del mismo modo que no puede haber noche (Yin) sin día (Yang).

Y del mismo modo que el día y la noche siempre se alternan, también el Yin y el Yang están cambiando constantemente. El paso de Yin a Yang y de Yang a Yin es la base de la existencia de todas las cosas.

Todas las cosas que hay en este mundo tienen una parte de Yin y otra parte de Yang, por lo que están sujetas a un cambio constante. Por esto, en el dibujo que simboliza el Yin y el Yang, el Yang (blanco) está contenido en el Yin (negro) y el Yin en el Yang. De esta forma se expresa que nunca podrá existir solamente uno de los dos.

La alternancia armoniosa entre Yin y Yang también significa Tai Chi o, expresado de otra manera: «Tai Chi es la madre de Yin y Yang», que es como lo dicen en China. Y lo que nosotros conocemos como la representación de Yin y Yang, en China se considera el símbolo de Tai Chi.

Junto con el Yin y el Yang, el concepto chino más importante para la percepción del mundo es el Qi. Todo lo que hay en el mundo contiene Qi, la energía cósmica. Sin Qi nada podría existir. La unión de Yin, Yang y Qi es el origen de las «10.000 cosas»: personas, animales, plantas, rocas, viento, agua, tierra –es decir, todo.

Qi, la energía cósmica

Armonía del Yin y el Yang

El Yin, el Yang y el Qi influyen muchísimo en nuestra salud. Si en el cuerpo existe una relación armónica entre el Yin y el Yang, el Qi podrá fluir libremente y la persona estará sana. Pero si se produce un desequilibrio entre Yin y Yang, el flujo de energía se verá afectado y la persona enfermará. Por esto es tan importante conseguir que la relación entre Yin y Yang siempre se mantenga estable. El Tai Chi Chuan es uno de los caminos para alcanzar esta meta.

Practicar el Tai Chi Chuan significa ejercitar una serie de movimientos, practicar una «forma». Traducido literalmente, Tai Chi Chuan significa: «Luchar (Chuan, también: puño) según el principio de Yin y Yang (Tai Chi)». Durante la forma se materializa el principio de la alternancia de Yin y Yang: por ejemplo, desplazando el peso o subiendo y bajando los brazos.

Crear una forma

Movimientos naturales

Los movimientos del Tai Chi Chuan nunca están orientados en contra de las tendencias naturales del cuerpo, es decir, nunca le exigirán hacer nada anormal. Muchos de los movimientos reciben nombres que proceden de la observación de la naturaleza o de la vida cotidiana, como por ejemplo: «La grulla blanca extiende sus alas», «Retroceder y rechazar al mono», «Tocar el laúd», «La serpiente blanca saca la lengua», «La linda señorita trabaja en la lanzadera», «Manos como nubes».

Miles de personas practican el Tai Chi Chuan

El Tai Chi Chuan se ha hecho muy popular. Muchos miles de personas lo practican regularmente y disfrutan de los beneficios que les proporciona. El aumento de la popularidad de esta disciplina ha hecho que se enseñen y practiquen muchas variantes distintas, pero no es necesario dominar muchas formas. A la mayoría de las personas les basta con aprender una forma y practicarla con regularidad. Tenga esto siempre en cuenta: «Más vale poco y bien que mucho y mal».

La historia del Tai Chi Chuan

Nadie sabe a ciencia cierta cómo y cuándo surgió el Tai Chi Chuan. Y, como suele suceder siempre que algo es difícil de determinar, surgieron las leyendas.

Movimientos suaves y circulares

La más conocida es la que hace referencia al monje taoísta Chang Shan Feng, que vivió en el siglo XIII. Hay que tener en cuenta que en aquella época había en China muchos monjes que practicaban las artes marciales. Parece ser que un buen día, Chang Shan Feng observó una lucha entre una serpiente y una grulla en la que no hubo ni vencedor ni vencido. La serpiente empleaba movimientos suaves y circulares para esquivar los ataques rápidos y contundentes de la grulla. Pero ésta, por su parte, también era lo suficientemente hábil como para ponerse siempre fuera del alcance de la serpiente. Chang Shan Feng llegó a la conclusión de que con movimientos suaves y circulares era posible evitar ataques muy fuertes y se propuso crear un nuevo arte marcial.

También hay algunos historiadores que insisten en que el Tai Chi Chuan fue creado por el oficial Chen Wan Ting (1597-1664). Pero probablemente nunca lleguemos a saber cuál es la verdad.

Formas largas y cortas

Lo que sí sabemos a ciencia cierta es que hasta mediados del siglo XIX el Tai Chi Chuan fue un arte marcial secreto que solamente se propagó entre los miembros de la familia Chen. El maestro Yang Lu Chan (1799-1872) fue el primero en ser admitido como discípulo sin pertenecer a la familia Chen.

Aparición de distintos estilos

El Tai Chi Chuan dejó de ser un arte marcial secreto y familiar y con el paso del tiempo empezó a enseñarse cada vez con más frecuencia haciendo que aumentase su difusión. Fueron muchos los maestros que empezaron a modificarlo y a adaptarlo a los tiempos y a las circunstancias. Se fueron eliminando muchos elementos de combate y se empezó a dar más importancia a la salud y la meditación.

Un arte marcial secreto

Así aparecieron diversos estilos, cada uno de los cuales se identifica por el apellido de su creador. El más conocido es el sistema (o estilo) Yang, desarrollado por Yang Lu Chan. Otros sistemas importantes son el sistema Wu, el sistema Hao, el sistema Sun y el sistema Lee. Y, naturalmente, sigue existiendo el sistema original de la familia Chen, que es el punto de partida de todos los demás. Este sistema es el único en el que todavía se aprecian claramente los elementos de combate y que sigue incluyendo rápidos golpes de puño, golpes y numerosos saltos.

Además, todos los sistemas han desarrollado diversas formas de distintas duraciones. Las formas más cortas suelen ser para principiantes. Constan de 24 a 50 movimientos y su duración es de 6 hasta 15 minutos. Las formas largas y tradicionales incluyen hasta 108 movimientos y su ejecución puede durar hasta 40 minutos.

Los cambios sociales experimentados por la sociedad china hicieron que lo que originalmente era un arte marcial se convirtiese en una práctica destinada a conservar o mejorar la salud. China estaba ocupada por diversas potencias coloniales occidentales que defendían sus intereses e imponían su ley con la fuerza de las armas y las tradicionales artes marciales del pueblo chino no podían hacer nada contra las armas de fuego. Y ésa fue la amarga experiencia que vivieron los chinos durante la «rebelión de los boxers» del año 1900. Muchos maestros de artes marciales –llamados «boxer» por las fuerzas coloniales ocupantes– creían que sus habilidades les permitirían vencer a los ejércitos enemigos. Su levantamiento fue brutalmente aplastado y las artes marciales perdieron el gran significado social de que habían gozado hasta entonces.

Un arte de la antigua China

Mantener la salud con el Tai Chi

El Tai Chi Chuan no volvió a ser popular en China hasta la década de 1950. El régimen de la República Popular China se dio cuenta de que el Tai Chi Chuan era un método muy sencillo y económico para mantener la salud del pueblo. Se desarrolló una nueva variante del sistema Yang, abreviada y muy fácil de aprender, que empezó a enseñarse en toda China. Esta forma recibe el nombre de la capital: «Forma Beijing», conocida también como «forma de 24 figuras».

El Tai Chi Chuan en Occidente

Además de la «Forma Beijing», existe otra variante del sistema Yang que ha alcanzado una gran difusión tanto en Europa como en EE.UU. Este sistema fue creado por el maestro Cheng Man-Ching, que primero enseñó en Taiwán y luego lo hizo en EE.UU.

Su forma es relativamente corta (43 movimientos) y adecuada para principiantes. En los últimos años, en los países occidentales también se han empezado a reconocer las virtudes terapéuticas del Tai Chi Chuan y ello ha llevado a la realización de un gran número de investigaciones en numerosas universidades. Se ofrecen cursos en instituciones tales como mutuas médicas, federaciones deportivas y escuelas superiores, y cada vez son más los médicos y terapeutas que recomiendan a sus pacientes la práctica del Tai Chi Chuan.

Artes marciales

En la época en la que surgió el Tai Chi Chuan las guerras eran muy frecuentes y era sumamente importante poderse defender en un enfrentamiento cuerpo a cuerpo. Pero el desarrollo de las armas hizo que esta habilidad fuese perdiendo su importancia inicial. En las guerras actuales solamente se emplean armas de fuego, y éstas son capaces de matar al enemigo a gran distancia. Tanto en Europa como en China.

Una diferencia significativa entre China y Europa es que las artes marciales formaban parte de la vida de los monjes budistas y taoístas. La mayoría de ellos aprendían varias artes marciales, tanto para mantenerse en forma como para poder ser capaces de defenderse en caso de ser agredidos durante sus largas caminatas por el campo. Tanto la filo-

Artes marciales

Lucha por uno mismo

sofía budista como la taoísta defienden el derecho a la vida y el respeto al cuerpo humano. Por este motivo, sus códigos de honor destacan que al luchar contra un enemigo hay que vencerlo sin matarlo. Se trata de saber defenderse de forma eficaz ante una agresión, pero sin que nadie muera en el combate. Lo ideal era conseguir mostrar al agresor la inutilidad de sus actos y lograr que cambiase el rumbo de su vida para convertirse en un ciudadano respetable.

¿Qué significado pueden tener las artes marciales en la vida de un europeo actual? Naturalmente, en los enfrentamientos bélicos ya no tienen utilidad más que como métodos de defensa personal para casos muy concretos. Actualmente se ofrecen muchos cursillos en los que se asegura que el alumno aprenderá en muy poco tiempo «el método más eficaz para defenderse en caso de una agresión callejera». El que estos cursos sean capaces de cumplir con lo que prometen ya es otro asunto. Lo que sí es seguro es que el Tai Chi Chuan no sirve para esto.

Autoprotección, no ataque

Paciencia y disciplina

El Tai Chi Chuan tiene otras virtudes. El aprendizaje de esos movimientos a simple vista tan complicados también es un tipo de «lucha», una lucha contra y por uno mismo. El Tai Chi Chuan exige paciencia y disciplina, dos cualidades que no abundan hoy en día.

- Es necesario tener paciencia con uno mismo para realizar los movimientos con calma y sin llegar a estresarse. Al practicar el Tai Chi Chuan aprenderá a no actuar sometido a presión, y pronto se dará cuenta de que si fuerza la situación aún le costará más aprender los movimientos.
- Después de la paciencia, lo siguiente que exige la práctica del Tai Chi Chuan es disciplina. Disciplina para ser capaz de tomarse siempre un tiempo para practicar los movimientos. Lo ideal sería que se pudiese planificar la jornada de forma que reservase una determinada hora para la práctica del Tai Chi Chuan. Pero actualmente a mucha gente le parece totalmente imposible poder practicar aunque sólo sea durante media hora –y ése es el tiempo mínimo recomendable para ejercitarse– porque tienen la agenda completamente saturada. Una posibilidad podría ser levantarse media hora antes. Pero ¿quién no se siente a gusto en la cama y es capaz de levantarse voluntariamente antes de lo necesario?

Así es como, de buena mañana, empieza ya la primera «lucha» del día... a menos que usted sea uno de esos escasos afortunados a los que les encanta madrugar.

Practicar regularmente

Pero si prefiere practicar a otra hora del día también tendrá que alterar un poco sus actividades cotidianas. No se salvará de tener que «luchar» para conseguir lo que desea, será una lucha contra la rutina y contra la comodidad. Practicar durante media hora significa ver media hora menos la televisión, leer menos, trabajar menos o, incluso, llegar a prescindir de algún hobby.

A primera vista, practicar regularmente el Tai Chi Chuan no parece una perspectiva especialmente atractiva, pero todos los que lo hayan hecho durante algún tiempo le asegurarán que vale la pena realizar el esfuerzo. Después de realizar los ejercicios se notará fresco y en forma, y el resto de la jornada transcurrirá mucho mejor. Al principio es seguro que tendrá que «luchar» contra su comodidad y contra unos movimientos que todavía no domina. Pero cuando consiga practicar, usted será el «vencedor». Cada vez que haya practicado se alegrará de haberlo hecho.

La alegría de cada día

Por tanto, dese a sí mismo una alegría a diario. Y cada día que pase tendrá que «luchar» menos para darse esa alegría.

Meditación en movimiento

Existió otro motivo por el cual las artes marciales formaban parte de la vida de los monjes chinos: el perfeccionamiento de sí mismos. Se trataba de reconocer la unión de cuerpo y mente, de percibir la forma en que la mente influye sobre el cuerpo y el cuerpo sobre la mente.

Las artes marciales también se pueden describir como «meditación en movimiento». El objetivo de la meditación consiste en encontrarse a uno mismo –reconocer quién somos, qué queremos, y actuar en consecuencia–. Para ello es importante tranquilizar la mente y hacer que se aparte de todos los procesos mentales de la vida cotidiana.

Todas las artes del movimiento, entre las que se encuentran también las artes marciales, tienen un objetivo similar. Se tranquiliza la mente y se la extrae de sus tareas rutinarias de cada día para dirigir toda la atención hacia los movimientos. Así uno aprende a moverse de forma consciente y a actuar también conscientemente. La forma, una sucesión fija y establecida de movimientos, no es más que una ayuda para el aprendizaje. Se ejecuta

Perfeccionarse por sí mismo

la forma a la vez que se procura concentrar la máxima atención posible en cada uno de los movimientos. Naturalmente, el objetivo que se pretende alcanzar no es concentrar la atención solamente en los movimientos de la forma, sino en cualquier actividad que desempeñemos a lo largo del día.

Hay que educar la concentración

Perfeccionamiento de los movimientos

Las artes marciales nos enseñan una nueva forma de movernos. Se aprende a realizar cada movimiento de la forma óptima, es decir, con el mínimo esfuerzo; cada esfuerzo superfluo no es más que una inútil pérdida de energía. En nuestra vida cotidiana no solemos prestar mucha atención a si el efectuar un determinado movimiento nos exige mucha o poca energía, o si habría otra forma más «económica» de alcanzar el mismo resultado.

Este cambio en la forma de moverse también necesita su tiempo y es otra forma de «lucha», porque el cuerpo ha adquirido algunas costumbres y se resiste a desprenderse de ellas. Pero todos los cuerpos tienen capacidad de aprendizaje, y el suyo le agradecerá que le ahorre trabajo y le libere de tensiones innecesarias.

Cómo actúa el Tai Chi sobre el individuo

La práctica del Tai Chi Chuan produce un efecto muy positivo sobre el individuo. Este efecto podemos llegar a comprenderlo a través de la medicina tradicional china, pero también nos lo explica la medicina occidental a la que quizás estemos más acostumbrados.

Medicina tradicional china

La medicina tradicional china explica los efectos terapéuticos del Tai Chi Chuan por la mejora en el fluir del Qi, de la energía vital y de la consiguiente armonía de Yin y Yang en el cuerpo. Existen diversos métodos para mejorar el fluir del Qi.

- La acupuntura es bastante conocida en el mundo occidental. Consiste en pinchar con agujas determinados puntos de los meridianos, que

Un arte de la antigua China

Equilibrar el Yin y el Yang

son las vías por las que fluye el Qi en el cuerpo. Según el tipo de punto y de la forma en que se efectúe la punción, el flujo del Qi se estimulará o se relajará.

- La acupresión actúa sobre los mismos puntos que la acupuntura. Pero aquí no se emplean agujas, sino que se presiona sobre ellos con las manos o se les da masaje. Por tanto, la acupresión permite tratar los meridianos enteros si se manipula toda su extensión.
- La moxibustión (en japonés, «mokusa» significa «corona ardiente») es un método de la medicina oriental poco conocido en Occidente. Se emplea el calor para aumentar las defensas naturales del cuerpo. Se queman unos pequeños conos (con una base de aproximadamente 1-2 cm de diámetro) de artemisa (*Artemisia vulgaris*) seca sobre las zonas de la piel correspondientes a los puntos de acupuntura.
- También influye mucho en la energía vital seguir una dieta saludable según la ciencia de la nutrición china y saber combinarla con el empleo de hierbas medicinales.
- El quinto método incluye ejercicios físicos que influyen en el flujo del Qi mediante el movimiento. Entre estos ejercicios se encuentran el Tai Chi Chuan y el Qi Gong. Qi Gong significa literalmente «ejercicio (Gong) de la energía (Qi)». Es un arte que incluye miles de ejercicios que, según el caso, se pueden emplear para curar o como tratamiento preventivo. El Qi Gong se puede dividir en los ejercicios que potencian el Qi de forma general y los que actúan de forma puntual en el flujo del Qi. Estos últimos solamente deben realizarse después de un diagnóstico preciso y bajo la supervisión de un experto.

Perfeccionamiento del flujo del Qi mediante el Tai Chi Chuan

Hacer que fluya la energía vital

Entre los ejercicios que mejoran el flujo del Qi se incluye también el Tai Chi Chuan. Por esto hay quienes afirman que el Tai Chi Chuan es una forma del Qi Gong. Pero otros insisten en sus orígenes como arte marcial y consideran que el Tai Chi Chuan debe ser considerado como un arte del movimiento por sí mismo. Sea como sea, el caso es que el Tai Chi Chuan estimula el fluir del Qi, renueva el equilibrio entre Yin y Yang y proporciona una gran sensación de bienestar.

En los movimientos se alternan constantemente el Yin y el Yang. Por ejemplo, cuando la pierna izquierda ha soportado el peso del cuerpo

(= Yang), a continuación éste se desplaza a la derecha. Por tanto, la pierna izquierda queda «vacía» (= Yin). Al principio, la pierna derecha estaba «vacía» (= Yin) y al efectuar el desplazamiento de peso está «llena» (= Yang). Así se pasa de Yang a Yin y de Yin a Yang. Esta alternancia es constante y no se produce únicamente en las piernas, sino también en los brazos, entre el pecho y la espalda, y en el lado derecho y el izquierdo del cuerpo así como en su parte superior y en la inferior.

- Los movimientos están establecidos de forma que aumentan la conductividad de los meridianos. Las rotaciones, los giros y las posturas relajadas del cuerpo hacen que los meridianos se dilaten y se activen.
- Los lentos y conscientes movimientos del Tai Chi Chuan estimulan una profunda respiración abdominal. Este tipo de respiración nos permite tomar más Qi «fresco» del entorno y expulsar el Qi «usado».
- El Qi se acumula en el Dan Tian, que es el principal centro energético del ser humano. Está ubicado por debajo del ombligo, es decir, en el centro de gravedad del cuerpo y en la zona que conocemos como «centro del cuerpo». En el Dan Tian se acumula el Qi y de ahí fluye hacia el resto del organismo. En el Tai Chi Chuan, el Dan Tian es el centro de todos los movimientos. Todos los movimientos parten de ese punto. Así se consigue que el Qi fluya hacia y desde el centro.

Dan Tian, el centro energético del cuerpo

- Otro efecto muy importante es la relajación mental. La lentitud de los movimientos permite que la mente pueda concentrarse en ellos durante más tiempo haciendo que desaparezcan todas las preocupaciones relacionadas con la vida cotidiana. Así se consigue que la mente, a la que nuestro actual estado de vida mantiene constantemente estresada, pueda relajarse.

En China se distingue entre «mente congénita» (Yuan-Shen) y «mente aprendida» (Shi-Shen). La «mente congénita» se encarga de regular las funciones básicas del cuerpo necesarias para su estricta supervivencia, tales como la respiración, el funcionamiento de los órganos internos y la energía de autocuración del organismo.

Por su parte, la «mente aprendida» es la que se ocupa de la organización social de nuestra existencia. Aquí se incluyen las actividades laborales, relaciones sociales, planificación, toma de decisiones, pensamiento racional y, en definitiva, todo aquello que nos permite salir adelante en el

Armonizar la mente

día a día. Muchas veces sucede que la actividad «mente aprendida» es tan elevada que no permite que la otra se desarrolle con suficiente amplitud. Es decir, que entre ambas no existe un equilibrio armónico. Al practicar el Tai Chi Chuan, la «mente aprendida» pasa a un segundo plano y la «congénita» puede desplegarse sin trabas. Así se alcanza el equilibrio entre ambas.

La opinión de la medicina occidental

Considerando la práctica del Tai Chi Chuan desde el punto de vista de la medicina occidental, sus efectos terapéuticos positivos se explican de la siguiente forma:

- Al mantener el cuerpo en una postura relajada se estimula la circulación sanguínea y mejora el metabolismo a todos los niveles.
- La postura del cuerpo hace que para efectuar un determinado movimiento solamente se empleen los músculos realmente imprescindibles para él. Todos los demás permanecen en reposo. Así se evita un esfuerzo muscular innecesario y el cuerpo no está en un permanente estado de tensión que podría afectar al funcionamiento de los órganos internos o la circulación sanguínea. **Alternancia de tensión y relajación**
- Otro efecto muy beneficioso para la circulación es el que se consigue al mantener la rodilla ligeramente flexionada y desplazar constantemente el peso de una pierna a la otra. La ligera flexión de las rodillas fortalece la musculatura de las piernas, y los desplazamientos del peso hacen que los músculos constantemente estén tensándose y relajándose. Las contracciones musculares ayudan a que la sangre venosa fluya hacia el corazón. Esta ayuda es especialmente importante en la parte inferior del cuerpo porque desde ahí la sangre tiene que efectuar un recorrido relativamente largo contra la fuerza de la gravedad hasta llegar al corazón.
- Mantener la columna vertebral en una postura incorrecta suele ser el origen de muchos problemas de salud (especialmente en las regiones dorsal y lumbar), así como de tensiones en los músculos de la espalda. Si los discos intervertebrales se ven sometidos a un esfuerzo excesivo pueden llegar a herniarse y lesionarse afectando a la médula espinal que discurre a través de las vértebras. La posición erguida que se mantiene **Poner recta la columna**

Cómo actúa el Tai Chi sobre el individuo

durante la práctica del Tai Chi Chuan hace que muchas personas que sufren este tipo de dolencias experimenten una mejoría al practicar esta disciplina.

• A las articulaciones no se les exige ningún esfuerzo que vaya más allá de sus aptitudes anatómicas, y no se las somete a ninguna sobrecarga como sucede en muchos deportes. La lentitud de los movimientos posibilita que los huesos, músculos y tendones puedan realizar el movimiento sin verse sometidos a un esfuerzo brusco. Esto hace que los dolores reumáticos mejoren o que –a pesar de tener una propensión hereditaria– no lleguen a aparecer o tarden mucho en hacerlo.

• Al estar de pie se tiene muy en cuenta que los pies se apoyen sobre el suelo de una forma anatómicamente correcta, y en especial que la curvatura del pie sea realmente «curva» y que éste no se apoye plano (ver pág. 32). Esto hace que muchas personas puedan mejorar anomalías de los pies tales como pies planos, torceduras, etc. Es conveniente practicar el Tai Chi Chuan descalzo o con un calzado que no tenga suela dura. De esta forma se aprende mejor a colocar los pies en la posición correcta.

Profundizar la respiración

• La profunda respiración abdominal favorece mucho la entrada de aire fresco (oxigenación) y la expulsión de aire «usado» (rico en dióxido de carbono). Es interesante que una de las acepciones del término «Qi» sea precisamente «respirar». Al realizar una respiración abdominal profunda, el diafragma asciende y desciende mucho más en cada inspiración y en cada espiración que si se realiza una respiración superficial. Estos movimientos abdominales hacia dentro y hacia fuera hacen que toda la cavidad abdominal reciba un «masaje» que es muy beneficioso para los órganos internos.

• Los movimientos del diafragma también producen un efecto muy beneficioso para el sistema nervioso vegetativo, que es el que se encarga de regular las funciones de los órganos internos. El sistema nervioso vegetativo está formado por dos sistemas complementarios, el simpático y el parasimpático, que controlan de forma involuntaria las reacciones del organismo. Para simplificar podemos decir que el simpático regula las funciones que consumen energía y que el parasimpático se encarga de las que ahorran energía haciendo que el organismo se recupere y se relaje. Por ejemplo, el simpático acelera el pulso y el ritmo respiratorio haciendo que aumente la tensión, mientras que el

Efecto beneficioso para el sistema nervioso

parasimpático disminuye el pulso y el ritmo respiratorio haciendo que la actividad endocrina y los movimientos peristálticos vuelvan a la normalidad. Cuando el diafragma desciende estimula el simpático y al ascender estimula el parasimpático, con lo cual se consigue un buen equilibrio en el sistema nervioso vegetativo.

- El sistema nervioso central es el sistema más importante de nuestro cuerpo, y es el que regula todas las funciones vitales como la respiración, la circulación, la digestión, el metabolismo y la actividad endocrina. El sistema nervioso central se regula desde la corteza cerebral, la cual es activada por estímulos externos tales como luz o sonidos, pero que también necesita intervalos de reposo. Actualmente inciden demasiados estímulos sobre la corteza cerebral y apenas le permiten descansar. Y además existe una permanente sobrecarga psíquica causada por problemas laborales o sociales, miedo al fracaso, prisas y demás factores estresantes. La consecuencia de todo esto son una serie de trastornos del organismo que se manifiestan en forma de enfermedades tales como úlceras de estómago, asma e infecciones de las mucosas. Los movimientos del Tai Chi Chuan son lentos y se efectúan poniendo toda la concentración en ellos, por lo que ayudan a que la corteza cerebral se relaje y que se normalicen sus funciones.

Masaje para los órganos

- El Tai Chi Chuan también es muy beneficioso para la digestión. La postura erecta y relajada permite que los riñones y los órganos del sistema digestivo se sitúen correctamente en su lugar y funcionen sin restricciones. Los movimientos del cuerpo y del diafragma masajean a estos órganos y –junto con el buen funcionamiento del sistema nervioso vegetativo– estimulan su actividad. Así, el organismo puede digerir y asimilar mejor los nutrientes. Esto hace que se puedan evitar muchas enfermedades relacionadas con el sistema digestivo o que sean más fáciles de curar.

En la bibliografía especializada encontramos muchas enfermedades para las que puede ser de gran ayuda la práctica del Tai Chi Chuan, entre ellas ciertos problemas cardiovasculares, afecciones cardiacas, hipertensión, hipotensión, asma, tuberculosis, trastornos digestivos, úlcera de estómago, nefritis, enfermedades endocrinas, infecciones de las mucosas, enfermedades del sistema linfático, nerviosismo, insom-

Mejorar la digestión

nio, apatía, osteoporosis, problemas de los pies, reuma, dolores, debilidad muscular, impotencia y frigidez.

Efectos en la vida cotidiana

El Tai Chi Chuan no solamente actúa sobre el plano físico del individuo. Muchas de las sensaciones que experimentará durante el aprendizaje y la práctica le serán de gran ayuda para afrontar mejor su vida cotidiana y conocerse mejor a sí mismo.

• La primera vez que vea una forma de Tai Chi Chuan es muy probable que piense «¡Esto no lo aprendo yo en la vida!» Casi todos los que han empezado a practicar el Tai Chi Chuan han pensado al principio algo parecido –y, sin embargo, lo han aprendido. Se sorprenderá de lo que usted es capaz de llegar a hacer.

Pero no crea que a lo largo de su aprendizaje no va a sufrir algún que otro revés. Un buen día verá que su maestro de Tai Chi Chuan realiza un pequeño movimiento y pensará: «¡Qué fácil, eso no es ningún problema!». Entonces lo intentará una y otra vez y no conseguirá hacerlo. No habrá forma de que le salga bien. No encontrará ninguna explicación para ello, pero tendrá que aceptar que le ha sido imposible hacerlo –por lo menos, hoy no lo ha logrado–. El próximo día lo hará sin ninguna dificultad: ¡Ya está! Lo ha conseguido. El camino de su aprendizaje estará formado por una sucesión de experiencias positivas y negativas. Y ésta es su oportunidad para profundizar en sí mismo. Aprenderá a conocerse mejor, a reconocer las relaciones entre su cuerpo, su mente y su comportamiento.

Conocerse mejor a uno mismo

• Para aprender Tai Chi Chuan hace falta paciencia, capacidad de observación, serenidad y precisión, características que suelen ser de gran utilidad en la vida cotidiana. Aprenderá a ver cuál es exactamente el punto en el que se encuentra y cuál es exactamente el paso que puede dar a continuación. Aprenderá a no precipitarse, a esperar el momento preciso y a actuar en consecuencia.

• El movimiento consciente del centro del cuerpo y de las extremidades le estimulará su capacidad de coordinación. La lentitud y la naturalidad de los movimientos le harán ser más suave.

Un arte de la antigua China

Aumenta la capacidad de concentración

- La práctica del Tai Chi Chuan también mejorará su capacidad de concentración. A cada nuevo paso y a cada nueva postura que aprenda se prolongará el tiempo durante el que será capaz de practicar. Cada minuto de práctica hará que su capacidad de concentración vaya en aumento, y eso es algo que seguramente le será de gran utilidad para su trabajo, para sus aficiones o para cualquier otra ocupación.

Casos en los que hay que practicar muy poco o dejar de hacerlo por completo

Por regla general, la práctica del Tai Chi Chuan es totalmente inofensiva para todo el mundo. Sin embargo, hay algunos casos en los que es aconsejable limitar los ejercicios.

- Si tiene alguna enfermedad o lesión en las rodillas (como por ejemplo lesiones de menisco, ligamentos débiles, bursitis, etc.) o sus piernas tienen una marcada deformidad es mejor que practique con mucho cuidado y solamente durante cortos espacios de tiempo. La típica posición con una rodilla ligeramente flexionada y movimientos lentos durante los cuales todo el peso se apoya en una sola pierna hace que, especialmente durante las primeras semanas, se realice un gran esfuerzo con las piernas y especialmente con las rodillas, y esto puede provocar dolores. Si usted tiene problemas de rodillas es muy importante que cuide la posición de esta articulación respecto a los pies (ver pág. 33). Así podrá evitar que al principio le duelan las rodillas.

Cuidado con los problemas de rodillas o de caderas

- Lo mismo sucede si tiene problemas con las caderas. En este caso, cuide mucho la posición de esta articulación respecto a los pies (ver pág. 31 y siguientes).
- Si tiene problemas circulatorios y le cuesta mantenerse de pie durante un rato puede aprovechar el efecto terapéutico del Tai Chi Chuan sobre el sistema circulatorio. Lo único que tiene que procurar es efectuar frecuentes paradas de descanso. Durante la fase de iniciación, en la que el aprendizaje de los movimientos le exige prestar la máxima atención, puede suceder que al estar mucho rato de pie se exceda un poco.
- Lo mismo sucede si su musculatura es muy débil, especialmente la de las piernas.

Casos en los que hay que practicar muy poco o dejar de hacerlo por completo

- En caso de enfermedades agudas y con fiebre, lo que más necesita el organismo es descansar. Abandone la práctica del Tai Chi Chuan hasta que se haya restablecido.
- En caso de embarazo con complicaciones es necesario que consulte a su ginecólogo antes de seguir practicando el Tai Chi Chuan. Por lo demás, si el embarazo es normal puede seguir practicando sin problemas y solamente deberá eliminar aquellos ejercicios que la obliguen a permanecer de pie e inmóvil durante mucho rato.

Cuidado en caso enfermedades crónicas o de embarazo con riesgo

Para evitar posibles malentendidos es necesario aclarar también estos dos puntos:

- El Tai Chi Chuan no es un entrenamiento de resistencia para el sistema circulatorio en el que se haga aumentar el pulso, como puedan ser el jogging o el ciclismo. No puede sustituir a un entrenamiento de resistencia realizado bajo control médico. Pero el Tai Chi Chuan libera al sistema circulatorio de tensiones innecesarias y es por tanto un buen complemento para ese tipo de entrenamientos.
- El Tai Chi Chuan produce un efecto positivo sobre la mente, pero no es una psicoterapia. Su empleo como complemento de estos tratamientos es algo que depende de cada caso en particular.

Por favor, tenga en cuenta que

A pesar de todos sus efectos beneficiosos para la salud y para el bienestar general, el Tai Chi Chuan no es ninguna terapia. En caso de sufrir cualquier tipo de enfermedad física o psíquica es imprescindible que antes de empezar a practicar el Tai Chi Chuan consulte a su médico o terapeuta.

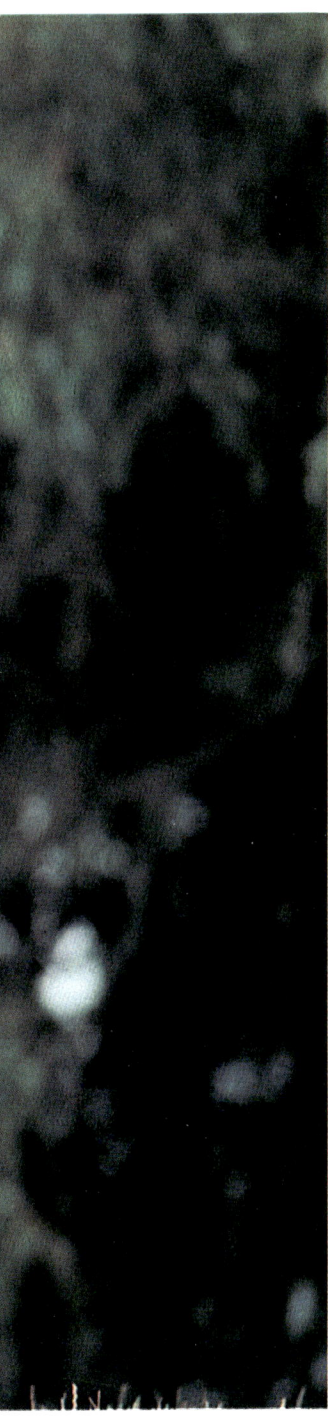

Ponerse en forma jugando

A base de pequeños pasos y sencillos movimientos llegará a alcanzar una gran meta: la práctica de la forma del Tai Chi Chuan. Estos pasos exigen paciencia. Solamente alcanzarán la meta los que practiquen con paciencia y empiecen con pasos pequeños. Y otra cosa muy importante: No se sienta forzado durante los ejercicios. En China, a la práctica del Tai Chi Chuan la llaman también «jugar al Tai Chi Chuan».
Pero si no se aplica no llegará a ninguna parte. Y esto, aunque no es ningún proverbio chino, aquí es una gran verdad.
La suavidad de movimientos, la armonía y la relajación solamente podemos conseguirlas si las practicamos. Nunca llueven del cielo.

Preparativos

Póngase ropa holgada

Antes de que inicie el aprendizaje de la forma del Tai Chi le daremos unos consejos que le facilitarán su práctica.

• No coma inmediatamente antes de realizar los ejercicios. El estómago no deberá estar lleno, pero tampoco es bueno practicar con hambre.
• Vaya al lavabo antes de iniciar los ejercicios.
• Acabe tranquilamente el trabajo que estuviese haciendo antes de realizar los ejercicios, así no tendrá que volver a pensar en ello.

Vestimenta

• Póngase una ropa holgada y que no limite sus movimientos. Van muy bien los chándals, los pantalones cortos y las camisetas. Para la práctica del Tai Chi Chuan no es preciso que se compre ninguna ropa especial.
• Practique descalzo o con calcetines para poder notar bien el suelo bajo sus pies. Si lo desea puede cubrir el suelo con una moqueta o una alfombra antideslizante.

Si prefiere llevar calzado, emplee uno que sea ligero y que tenga la suela plana y flexible. Evite el calzado de suela rígida o con forma.

El lugar para practicar

• Busque en su casa un espacio amplio y despejado de por lo menos tres metros de largo por dos metros de ancho. Distribuya los elementos de la habitación de forma que se sienta a gusto en ella. Abra una ventana y deje que pase el aire fresco.
• Aún sería mejor si pudiese disponer de un buen espacio al aire libre. Lo ideal sería que pudiese practicar en su propio jardín, pero también puede encontrar un lugar apropiado en algún parque o en el campo.
■ Si llueve, sopla un fuerte viento o hace mucho frío es mejor no practicar al aire libre. Pero si solamente hace un poco de fresco, póngase una ropa de abrigo que no limite su libertad de movimientos. Si se le enfrían mucho

las manos puede ponerse guantes.

Tampoco es recomendable practicar cuando hace mucho calor. La capacidad de concentración se reduce y pueden surgir problemas circulatorios.

Horario y duración de los ejercicios

Practique regularmente por la mañana y por la tarde

- Es importante que establezca una hora fija para la realización de los ejercicios. Esta regularidad le ayudará a superar posibles fases de desgana o falta de motivación.
- El mejor momento para practicar es a primera hora de la mañana, antes de un buen desayuno. De todos modos, es conveniente que antes de empezar se tome un té y que coma un poco para «matar el gusanillo». Si se acostumbra a entrenar cada mañana empezará el día con más energía.
- En principio no hay nada en contra de practicar a cualquier hora del día. Junto con la mañana otro buen momento es a última hora de la tarde. Le será más fácil concentrarse por la tarde, cuando ya haya finalizado sus tareas del día, que durante la jornada.
- Los ejercicios han de tener una duración mínima de veinte minutos. Si se siente a gusto y disfruta haciéndolo, puede alargar ese tiempo tanto como desee.

Naturalmente, el tiempo que tarde en aprender la forma de Tai Chi Chuan dependerá de la frecuencia y la intensidad de sus entrenamientos. Aprenderá con más rapidez si practica con regularidad y varias veces a la semana. Si practica tres veces semanalmente durante una hora, lo más probable es que domine el desarrollo de la forma en cuestión de unas doce semanas. Pero estas cifras son meramente orientativas, pues todo depende de las disponibilidades de cada uno.

Practique por lo menos durante veinte minutos

Practicar con ilusión

- Practique con amigos y conocidos. Es más divertido hacerlo en grupos, y así unos ayudan a motivar a los otros.
- Hay que practicar con ilusión. No tiene ningún sentido aprender Tai Chi Chuan a la fuerza o como una obligación, es más, ésa sería la mejor manera de impedir cualquier progreso.

Si se siente obligado a practicar no progresará

Por ejemplo, sería estupendo que usted se propusiese practicar una hora al día. Y aún será mejor si

Preparativos

es capaz de cumplir sus propósitos. Pero si un día no puede practicar porque le surge algún imprevisto, tampoco es ningún drama.

Practique siguiendo la música

■ Si lo prefiere, puede practicar con música. Pero es mejor que sea lenta y acompasada. Hace algunos años se compuso en China una música especial para la práctica del Tai Chi Chuan, y por las mañanas se la puede oír en los parques de ese país. Actualmente, en cualquier buena tienda de discos podemos encontrar algún CD en cuyo título se incluya el término Tai Chi.

De todos modos, no es recomendable que practique al son de la música mientras todavía esté aprendiendo la forma.

El desarrollo de los ejercicios

Realice los ejercicios básicos (a partir de la página 30) paso a paso. Allí le explicaré los fundamentos del movimiento del Tai Chi y podrá experimentarlos «en carne propia» con la ayuda de unos ejercicios muy sencillos.

Para el aprendizaje de la forma del Tai Chi le será de gran ayuda realizar a conciencia estos ejercicios básicos.

También deberá practicar paso a paso el capítulo tercero (pág. 58), en el que se enseñan algunos ejercicios preliminares y la forma del Tai Chi. Empiece por la primera postura y no pase a la segunda hasta que la haya comprendido perfectamente y la haya practicado hasta ser capaz de realizarla de memoria. Cuando practique la segunda postura, empiece a partir de la posición de salida de la primera. Repita siempre la primera postura para no olvidarla y para que pueda enlazarla con la segunda.

Cuando sea capaz de realizar ambas posturas una a continuación de la otra y sin mirar el libro, habrá llegado el momento de empezar con la tercera. Ésta la iniciará a partir de la posición de salida de la segunda, y la enlazará con las dos primeras.

Vuelva a repetir siempre lo que ya ha aprendido

De esta forma irá avanzando progresivamente por las once posturas hasta que sea capaz de realizarlas todas seguidas con fluidez.

■ Durante el aprendizaje de las posturas del Tai Chi se topará frecuentemente con movimientos que ya le son conocidos por haberlos practicado en los ejercicios básicos. Es estos puntos puede

El desarrollo de los ejercicios

ser muy útil volver a repetir esos ejercicios, especialmente en el caso de que la postura en cuestión le plantee algunas dificultades.

Tanto los ejercicios básicos como las posturas del Tai Chi hay que realizarlos en una sucesión fluida, es decir, sin pausas.

Al principio se dará cuenta de que al realizar los ejercicios se mueve con torpeza y «a trompicones». Esto es algo completamente normal, y no tiene nada que ver con si usted aprende el Tai Chi Chuan con un libro o con un maestro particular. A medida que vaya practicando le irá saliendo cada vez mejor y logrará que su torpeza inicial se transforme en una sucesión fluida de movimientos.

> En cada sesión de prácticas, empiece por repetir las posturas ya aprendidas y pase a la siguiente solamente si se siente totalmente seguro.
> Así podrá aprender la forma completa paso a paso y postura a postura.

■ El ritmo de sus avances es algo que depende de usted. Pero tenga en cuenta que no se trata de dominar la forma lo antes posible. Para comprender realmente los principios del Tai Chi Chuan es preciso practicar todos los pasos con la mayor precisión posible, incluidos los ejercicios básicos.

Usted decide su ritmo

Bases de los movimientos del Tai Chi

Los movimientos del Tai Chi Chuan son lentos y armoniosos. A muchas personas, cuando los ven por primera vez les parecen extraños y a la vez fascinantes. Algunos los comparan con una danza por su ligereza y sutilidad, mientras que otros los consideran llenos de misterio. Pero aquí no hay ningún misterio, a menos, claro está, que consideremos a la naturaleza como tal.

Este arte del movimiento lo han aprendido muchísimas personas, tanto en Oriente como en Occidente. Los bebés y los niños pequeños se mueven de forma natural, pero la mayoría de las personas pierden esta facultad al llegar a la edad adulta.

Recuperar una forma natural de moverse

Para poder regresar a esta movilidad natural hace falta mucha paciencia y practicar mucho. Además, hay que saber qué elementos son los que caracterizan a los movimientos naturales: relajación, mínimo esfuerzo y la participación de todo el cuerpo.

Podemos desglosar los movimientos del Tai Chi en estos componentes:
- posición básica del cuerpo,
- desplazamiento del peso,
- rotación,
- movimientos de brazos,
- posiciones de las manos,
- pasos,
- posiciones de pie.

Todas estas partes se pueden practicar por separado y luego encadenarlas para realizar el movimiento completo. Según mi propia experiencia, este sistema de aprendizaje es el más adecuado para los occidentales.

Posición inicial

El punto de partida de cualquier movimiento natural, y por tanto también del movimiento en Tai Chi, es una posición relajada. En consecuencia, tendrá que empezar por aprender la posición típica del Tai Chi Chuan: estar de pie y en relajación.

PRÁCTICA
Posición inicial
31

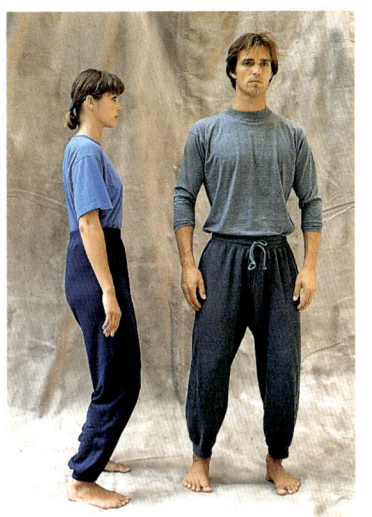

Postura inicial (1)

Columna recta (2)

▶ Colóquese de pie y con los pies paralelos. La distancia entre los pies deberá ser similar a la separación de los hombros; los dedos estarán orientados hacia delante. El peso del cuerpo descansa repartido a partes iguales en ambos pies (**1**).

• Avance un poco las rodillas flexionándolas ligeramente y de forma que la posición sea cómoda. No apriete hacia atrás bajo ningún concepto.

• Las articulaciones de la cadera también estarán ligeramente flexionadas. Mantenga la pelvis vertical. Desplace las vértebras lumbares superiores un poco hacia atrás de forma que el coxis se mueva hacia abajo. El objetivo de todo esto es conseguir que la columna vertebral se mantenga lo más recta posible, desde el coxis hasta las vértebras cervicales (**2**).

• Concéntrese en el tronco y siga intentando mantener la columna vertebral lo más recta posible. Visualice mentalmente una vértebra detrás de otra, desde la pelvis hasta el cuello, procurando que el conjunto sea totalmente vertical.

Es probable que al principio no le sea fácil mantener esta posición, especialmente en lo que hace referencia a la región lumbar, donde normalmente se produce un ligero arqueamiento hacia dentro, o hacia delante (lordosis). Pero existe un pequeño truco que le ayudará a conseguirlo:

Bases de los movimientos del Tai Chi

Erguir la columna vertebral

▸ Apóyese contra una pared de la habitación de forma que tanto los glúteos como los hombros estén en contacto con ella.

Los pies estarán paralelos, con una separación igual a la de los hombros y a un pie de distancia de la pared. Las rodillas se mantienen ligeramente flexionadas.

- Intente tocar la pared con las vértebras lumbares. a lo mejor lo consigue a la primera.
- Ahora arquee la espalda todo lo que pueda para que ésta se separe mucho de la pared.
- Vuelva a intentar tocar la pared con las vértebras lumbares.

¿Lo logra? Por lo menos es seguro que se acercará más que antes. El resultado es una columna vertebral recta.

Procure relajar el tronco todo lo que pueda, pero manteniendo la columna bien recta. Deje colgar los hombros y relaje conscientemente el tórax y el abdomen. En cuanto se haya acostumbrado un poco a esta posición, dé un pequeño paso hacia delante. Es decir, apártese de la pared ¡pero sin cambiar la posición del cuerpo!

Ahora ya se habrá hecho con la posición del Tai Chi. Pero para completarla todavía le faltan un par de pequeños detalles:

▸ La cabeza está erguida, la coronilla apunta hacia arriba y los ojos miran en el plano horizontal sin fijar la vista en ningún punto. Los brazos cuelgan distendidos, pero un poco separados del cuerpo, de forma que en las axilas habría espacio para una pequeña almohadilla hinchable.

Ahora mantenga esta posición básica del Tai Chi Chuan durante un par de minutos.

■ En la posición inicial hay que tener en cuenta lo siguiente:

- Al estar de pie tiene que mantener los talones, los dedos y el canto externo en contacto con el suelo. Sin embargo, el arco de la planta no deberá tocar el suelo.

Colocación de los pies

Esto es muy importante para su salud; si practica bien esta postura podrá corregir o prevenir defectos, tales como los pies planos, que no sólo son perjudiciales para los pies sino que también afectan a la colocación de las rodillas, la pelvis y la columna.

- Las rodillas han de estar flexionadas hasta quedar sobre la vertical del empeine (**3**). Cuide de que no se desplacen hacia dentro o que queden sobre la vertical de los dedos de los pies, porque el efecto podría ser perjudicial para ellas.

Desplazamiento del peso

Esta postura necesita algo de práctica, y de vez en cuando sentirá la necesidad de sacudir un poco las piernas. Procure practicar esta posición siempre que pueda. Puede practicarla mientras realiza muchas de sus tareas domésticas habituales, como por ejemplo lavar los platos, lavarse

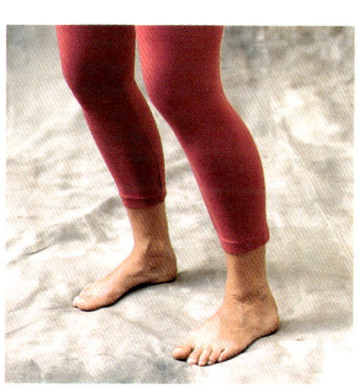

Mantenga la rodilla ligeramente flexionada y en la vertical del empeine del pie (3)

los dientes, hablar por teléfono, etc. Pero no intente batir ningún récord a base de mantener esta posición durante mucho tiempo seguido. Es mejor hacer un pequeño descanso de vez en cuando. Si la practica como un juego, al cabo de poco tiempo empezará a apreciar sus virtudes. Sus piernas se fortalecerán y soportarán mejor el peso del cuerpo, y esto descargará a su espalda haciendo que se relaje y pueda moverse con más libertad. Notará que en la vida cotidiana se mueve con menos esfuerzo.

Los desplazamientos de peso no sólo juegan un papel muy importante en el Tai Chi Chuan. Piense en la cantidad de veces que desplaza el peso de una pierna a la otra durante su vida cotidiana. Por ejemplo, al andar: cada paso se produce mediante un desplazamiento del peso.

Pero en el Tai Chi Chuan se practica de una forma muy particular:

▸ Sitúese en la posición inicial. Su peso está repartido por igual en ambos pies y en ambas piernas. Dirija su atención al centro del cuerpo, la zona situada por debajo del ombligo.
• Mueva el centro hacia la izquierda hasta que todo el peso descanse sobre el pie izquierdo. A continuación haga lo mismo hacia la derecha, el peso volverá a descansar sobre el pie derecho.
• Efectúe el desplazamiento un par de veces en cada sentido.

■ Lo importante es esto: El centro guía el movimiento y el resto del cuerpo lo sigue. Esto significa que la mayor parte de su atención sigue dirigida hacia el centro. Intente percibir cómo el centro

Libere la espalda de cargas

Bases de los movimientos del Tai Chi

El centro es el que guía el movimiento

inicia un desplazamiento del peso y cómo el resto del cuerpo le sigue. El centro es el que dirige el movimiento.

Al practicar el desplazamiento del peso tenga en cuenta lo siguiente:
- Conserve el cuerpo en la posición erguida de la posición inicial.
- Cuando el pie soporte el peso del cuerpo, la rodilla deberá estar en su vertical, del mismo modo que ya ha practicado en la posición inicial.
- La articulación de la cadera del lado que soporta la carga también deberá estar en la vertical del pie y de la rodilla. Tendrá la sensación de que la cadera desciende en dirección a la rodilla y no se impulsa hacia fuera.
- El centro siempre se desplaza paralelamente al suelo, es decir, ni sube ni baja.
- Realice el movimiento lentamente. Tómese su tiempo para «sentir» todo el movimiento.

Variante de este ejercicio

▶ Colóquese en la posición inicial, cargue el 100 % de su peso sobre el pie izquierdo y mueva el pie derecho hacia delante. Desplace el peso al pie derecho y de nuevo al izquierdo.

Después de efectuar algunos desplazamientos de peso, coloque el pie derecho en otro lugar –a un lado, hacia atrás– y vuelva a efectuar los desplazamientos de peso. Pruebe de hacerlo con distintas

Desplazamien[to de] peso
izquierda: corr[ecto]
derecha: incor[recto]

longitudes de paso en distintos sentidos.

Rotación del cuerpo

Muchos movimientos incluyen también una rotación del cuerpo. Al igual que los desplazamientos de peso, las rotaciones del cuerpo también parten del centro y, al igual que en el caso anterior, también aquí el resto del cuerpo sigue el movimiento

Rotación del cuerpo

de su centro. En Tai Chi Chuan, los brazos, hombros, piernas y demás partes del cuerpo nunca se mueven de forma independiente. Nunca se levanta un brazo o se gira la cabeza si no es como consecuencia de un movimiento del centro.

Para que pueda comprender mejor las características del movimiento del Tai Chi le voy a proponer que realice un tipo de movimiento que no existe en Tai Chi Chuan: una rotación de hombros independiente.

▶ Colóquese en la posición inicial. Gire sus hombros hacia la izquierda y hacia la derecha. Cuide de que al efectuar estos giros no se mueva su ombligo, es decir, que apunte siempre hacia delante.

Efectúe ahora el movimiento de Tai Chi de la forma correcta:

▶ Colóquese en la posición inicial. Gire su centro hacia la izquierda y hacia la derecha, es decir, haciendo que el ombligo apunte primero hacia la izquierda y luego hacia la derecha. Deje que los hombros cuelguen relajadamente y sigan el movimiento.

■ Esto es un ejemplo de la forma en que los hombros y todo el tronco siguen los movimientos del centro. Este tipo de movimiento es típico del Tai Chi Chuan.

El tronco no es el único que sigue los movimientos del centro, las piernas también lo hacen. Pero aquí hay que tener en cuenta un par de detalles, porque sobre las piernas descansa el peso de todo el cuerpo.

A excepción de en la posición inicial, el peso del cuerpo nunca se reparte por igual en ambas piernas. Una pierna puede soportar todo el peso (100 %) o unos 2/3 del peso (aproximadamente el 70 %), mientras que la otra no soporta ninguna carga o solamente un poco (aproximadamente el 30 %). La pierna que soporta su peso diremos que está «llena» y tiene calidad de Yang; la otra pierna, la que soporta poco peso o nada, está «vacía» y tiene calidad de Yin (ver pág. 17).

Al efectuar una rotación debe procurar que la pierna «llena» permanezca quieta y no tome parte del giro. La pierna «llena» es una «columna» que soporta al cuerpo. Esta columna ha de permanecer fija porque, si no, usted

Los hombros y el tronco siguen al centro

Bases de los movimientos del Tai Chi

no se podría mover con seguridad. Para que el cuerpo pueda moverse libre y relajadamente necesita una base estable. Pero la pierna «vacía», al igual que el tronco y los brazos, puede estar ligeramente relajada y seguir la rotación del centro.

▶ Colóquese en la posición inicial y empiece a desplazar el 100 % de su peso a la pierna izquierda hasta que esté «llena». La pierna derecha está relajada y el pie derecho se apoya suavemente sobre el suelo; la pierna y el pie están «vacíos».

• Gire su centro hacia la derecha todo lo que pueda. El resto del cuerpo seguirá la rotación del centro: el tórax, la espalda, la cabeza y los brazos. La pierna derecha también acompañará el movimiento y el pie derecho girará libremente sobre el talón hacia la derecha. Para acabar vuelva a girar hasta recuperar la posición de partida.
• Repita un par de veces estas rotaciones en uno y otro sentido y perciba los movimientos de su cuerpo. Note cómo gira el centro y arrastra al resto del cuerpo (**1+2**).

Realice este ejercicio de cinco a diez veces hacia el lado derecho y luego cambie al lado izquierdo.

Empiece por desplazar el peso hacia la izquierda ... (1)

■ Asegúrese de que su pierna izquierda y su pie izquierdo permanezcan quietos porque son los que cargan con todo el peso. Esta «columna» solamente podrá ser estable si su base, es decir, su pie, permanece durante todo el rato fijo sobre el suelo y si la rodilla se mantiene en la vertical del pie.

Un error muy frecuente consiste en girar tanto hacia la derecha que la rodilla izquierda acaba por desplazarse hacia dentro y el canto externo del pie izquierdo pierde el contacto con el suelo. En este caso, la rodilla ya no estará en la vertical del pie (foto 3). En casos extremos, este error puede causar dolores de rodilla y a largo

Movimientos de los brazos

... luego gire hacia la derecha (2)

La rodilla izquierda está en una posición incorrecta (3)

plazo incluso puede provocar una lesión. Por esto es tan importante fijarse desde los inicios en mantener los pies y las rodillas en la posición correcta.

Siempre es mejor interrumpir el giro a tiempo que forzarlo. No se trata de girar lo más posible, sino de hacerlo de una forma saludable.

Este tipo de movimiento –postura del cuerpo. desplazamiento del peso y rotación– es típico del Tai Chi Chuan. Le ayudará a mantener el cuerpo relajado. Es una forma natural de moverse. Los bebés, por ejemplo, siempre caminan con las rodillas ligeramente flexionadas y al girarse giran todo el cuerpo y no solamente los hombros. Así, de forma instintiva, evitan tensiones innecesarias y la pérdida de energía que éstas conllevan.

Movimientos de los brazos

Deberá conceder una importancia muy especial a los movimientos de los brazos. A lo largo del día, todos movemos los brazos y las manos un gran número de veces; ninguna otra parte del cuerpo se mueve con tanta frecuencia.

Estamos acostumbrados a emplear los brazos y las manos sin detenernos a pensar en cómo se mueven.

Todos los movimientos del Tai Chi Chuan son muy relajados,

Bases de los movimientos del Tai Chi

también los de los brazos. Para poner los brazos en la posición deseada se realiza el mínimo esfuerzo posible. A la mayoría de las personas esto les resulta muy extraño y necesitan practicarlo un poco.

▸ Colóquese en la posición inicial. Eleve lentamente los brazos ante sí hasta que queden en posición horizontal ante su pecho y apuntando hacia delante. Las palmas de las manos estarán orientadas hacia abajo. Mantenga esta posición durante unos segundos y deje que sus brazos desciendan lentamente hasta regresar a la posición inicial.

Repita este ejercicio algunas veces.

■ Procure realizar este ejercicio lo más relajadamente posible. En este movimiento hay que procurar que los músculos de los brazos, los hombros y la espalda intervengan muy poco. Los hombros permanecen hundidos durante todo el rato, y especialmente cuando los brazos están suspendidos ante usted en posición horizontal. En esta posición, baje conscientemente los hombros e imagine que sus brazos «flotan en el aire».

¿Recuerda el segundo ejercicio de las rotaciones (pág. 36), que consistía en girar el cuerpo a partir del centro? Ahora aprenderá un movimiento de brazos que lo complementa.

Los brazos «flotan en el aire»

▸ Colóquese en la posición inicial, cargue el peso a la izquierda y gire hacia la derecha.
• Durante esta rotación, su mano derecha flota hacia arriba y se coloca en reposo a 40 cm delante del tórax con la palma hacia abajo.
• Mientras tanto, su mano izquierda parte de su vientre y al final de la rotación se sitúa bajo la mano derecha y con la palma orientada hacia arriba, como si usted quisiese sostener una pelota con ambas manos.
• Finalice el movimiento regresando a la posición de partida. Repítalo varias veces hacia ambos lados (foto de la pág. 38).

También en este ejercicio es

«Sostener la pelota»

Movimientos de los brazos

importante emplear la mínima fuerza muscular posible y mantener los hombros hundidos. Tenga en cuenta que cuando la mano derecha se mantiene ante el tórax, el codo derecho ha de colgar relajadamente.

Otro ejercicio importante es el de los «círculos opuestos».

▶ Colóquese en la posición inicial. Efectúe una rotación hacia la derecha y deje que la mano derecha flote realizando un movimiento circular hacia la derecha en el sentido contrario al de las agujas del reloj: al principio se desplazará hacia fuera junto al cuerpo y luego subirá un poco hasta alcanzar la altura de la cadera. Mientras tanto, la mano izquierda gira en sentido de las agujas del reloj; asciende hacia la derecha hasta colocarse a la altura del pecho.
• Gire hacia la izquierda y continúe la rotación de las manos: la mano derecha se desplaza hacia la izquierda a la altura del pecho; la izquierda desciende y se desplaza a la izquierda a la altura del vientre (**1**).
• Vuelva a girar hacia la derecha y deje que las manos y los brazos sigan la rotación, la mano derecha ante el vientre y la izquierda ante el pecho (**2**).

«Círculos opuestos» (1)

• Puede repetir este ejercicio todas las veces que quiera y también puede realizarlo en sentido opuesto: ahora la mano derecha girará en el sentido de las agujas del reloj, y la izquierda en el contrario.

El ejercicio de los «círculos opuestos» es excelente para dejar que los brazos se muevan libremente y puedan seguir las rotaciones del cuerpo. En este ejercicio también puede integrar el de desplazamiento del peso.

▶ Colóquese en la posición inicial, desplace su peso a la pierna derecha y gire a continuación hacia la derecha. Deje que los brazos giren en sentido opuesto.

Bases de los movimientos del Tai Chi

«Círculos opuestos» (2)

- Cambie el peso a la izquierda y efectúe la rotación hacia la izquierda dejando que los brazos giren en sentido opuesto.

■ Los brazos siguen el movimiento del centro del mismo modo que lo hacen las piernas.
- Es importante mantener los codos tan distendidos como sea posible. Esto hará que siempre tiendan a desplazarse un poco hacia abajo.
- En el Tai Chi Chuan no hay ningún movimiento que requiera hacer fuerza con los codos. Al contrario, los brazos, al igual que las piernas, siempre se mantienen ligeramente flexionados. Los brazos describen un arco desde el hombro hasta la mano, que varía según la posición; unas veces es mayor y otras menor. Téngalo en cuenta al efectuar cada movimiento. Pronto se dará cuenta de lo beneficioso que es tener los brazos y los hombros relajados.

Posiciones de las manos

En el Tai Chi Chuan existen tres distintas posiciones de las manos:
- la posición de partida –«mano de la bella señorita»
- el «puño» y
- la «cabeza de pájaro».

Intente realizar las tres posiciones:

«Mano de la bella señorita» (1)

▶ En la posición de partida, llamada también «mano de la bella señorita», mantendrá los dedos suavemente estirados pero sin apretarlos ni separarlos forzadamente unos de otros. El dorso de la mano estará alineado con el antebrazo, es decir, que la articulación de la muñeca no estará ni tensa ni flexionada, sino que se mantendrá estable y recta, independientemente de la forma en que se mueva el brazo (**1**).

- En el «puño», flexione los dedos como para cerrar normalmente el puño pero dejándolos flojos y sin apretar. Al contrario, haga un túnel con los dedos por el que pueda mirar a través. Mantenga la muñeca recta como para la «mano de la bella señorita» (**2**, abajo).

- La «cabeza de pájaro», llamada también «mano de látigo» o «mano de gancho», solamente se emplea en la postura de «el látigo». En esta posición se tocan suavemente todas las yemas de los dedos y apuntan verticalmente hacia abajo. La muñeca se mantiene flexionada hacia abajo (**2**, arriba).

Pasos

Todos los movimientos del Tai Chi Chuan son lentos y se efectúan conscientemente. Usted ya ha practicado los desplazamientos de peso y los giros. Ahora viene un movimiento que vale la pena realizar despacio y con conciencia: el paso.

Normalmente caminamos sin pensar concretamente en lo que estamos haciendo. Al ocuparse intensamente de un movimiento tan habitual en nosotros seguro que aprenderá cosas nuevas e interesantes acerca de nuestra forma de movernos.

▶ Colóquese en la posición inicial. Desplace todo su peso a la pierna izquierda de la forma que ya ha practicado con anterioridad. Ahora puede levantar su pie derecho y apoyarlo en otro lugar –o sea, que dará un paso.

Al apoyar el pie, empiece con tocar el suelo con el talón y luego hágalo rotar lentamente hacia delante sobre el canto externo de la planta. Los dedos y el pulpejo del

¿Cuál es la forma correcta de caminar?

«Cabeza de pájaro» y «puño» (2)

Bases de los movimientos del Tai Chi

Primero rodar y luego desplazar el peso

pie serán los últimos en tocar el suelo.

Este movimiento tan natural se efectúa de forma lenta y consciente. Para ello es necesario que usted deposite todo su peso sobre su pierna izquierda, que será su «columna».

Cuando todo el pie esté en contacto con el suelo podrá empezar a desplazar el peso hasta que todo se apoye sobre la pierna derecha.

- Ahora, dé un paso con la pierna izquierda. Camine un poco por la habitación. Dé algunos pasos largos y algunos pasos cortos. También puede caminar de lado o hacia atrás. Pero tenga en cuenta que al caminar hacia atrás el pie gira también al revés: empieza por apoyarse en el pulgar para pasar luego al meñique, el canto exterior de la planta, y el talón. Pero también en este caso hay que rotar primero y desplazar después.

■ Cuando caminamos de nuestra forma «habitual», empezamos a desplazar el peso en cuanto el talón toca el suelo. Por tanto, la rotación del pie y el desplazamiento del peso se producen de forma simultánea. En el Tai Chi Chuan es distinto. Los dos movimientos se producen uno a continuación del otro: primero rotar y luego desplazar.

Al principio es posible que parezca un poco extraño, pero es muy interesante percibir cuándo y cómo se apoya el pie sobre el suelo.

Para ejercitar mejor la rotación lenta, incluya estos nuevos componentes en su forma de andar.

▶ Dé un paso, pero ahora levante un poco el pie y hágalo rotar de nuevo cada vez que avance un paso y haya rotado el pie. Solamente entonces empiece a efectuar el desplazamiento de peso. Esta variante le ayudará a apoyarse durante más tiempo en la pierna de soporte, es decir, que no se lanzará inmediatamente hacia delante para «caer en el paso».

Al principio seguramente mirará hacia abajo para observar cómo rota lentamente su pie, pero cuando ya haya practicado algunos pasos podrá mantener la vista al frente y no necesitará hacerlo hacia abajo.

Intente «ver» los pies a base de percibir el movimiento con sus plantas. Naturalmente, esto funcionará mucho mejor si usted practica descalzo.

«Ver» con los pies

PRÁCTICA
Posiciones de pie
43

Posiciones de pie

En el Tai Chi Chuan existen tres posiciones para estar de pie:
- la posición del paso,
- la posición del gato y
- la posición de los talones.

Cada postura de una forma acaba o empieza en una de estas posiciones. Por ello es importante conocerlas bien.

Posición del paso

▶ Colóquese en la posición inicial.
- Desplace todo su peso al pie izquierdo.
- Gírese usted y el pie derecho un poco a la derecha sobre el talón, hasta que la punta del pie apunte en diagonal hacia delante y hacia la derecha. Los pies formarán así un ángulo de 45°.
- Desplace todo su peso al pie derecho y avance el pie izquierdo unos 30 cm apoyando el talón izquierdo en el lugar en el que antes estaban los dedos de ese pie. Ahora se habrá colocado en la posición del paso (**1**, pág. 44). Naturalmente, también puede ser el pie derecho el que avance y el izquierdo el que se quede atrás.

En la posición del paso existen dos posibilidades para la repartición del peso.

- Peso hacia delante = 2/3 del peso sobre la pierna delantera y 1/3 sobre la trasera.
- Paso hacia atrás = todo el peso sobre la pierna trasera.

Independientemente de la forma en que se distribuya el peso, es importante que ambos pies estén bien asentados sobre el suelo (pág. 32). La posición del pie y la rodilla de la pierna «llena» (la que soporta el peso) es la que describimos en la página 36.

Pero también hay unas normas para la pierna «vacía» (la que soporta poca o ninguna carga):
- La cadera, la rodilla y el pie están alineados o apuntan en una misma dirección.

Por ejemplo:

▶ Colóquese en la posición del paso con el pie izquierdo hacia delante y el peso hacia delante, o sea, con los 2/3 del peso sobre el pie izquierdo. Mírese la cadera derecha, la rodilla derecha y el pie derecho. ¿Están alineados? ¡Estupendo! ¿O la rodilla está un poco caída? ¡Corríjalo! Esto podría acabar siendo perjudicial para su rodilla.

- Para asegurarse de que la rodilla esté en la posición correcta, apriete el canto exterior de la planta del pie un poco contra el

Ambos pies están fuertemente asentados sobre el suelo

Bases de los movimientos del Tai Chi

Posición del paso correcta (1)

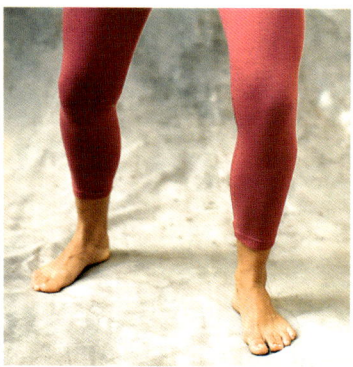

suelo; esto hará que la rodilla se ponga por sí misma en la posición adecuada. Pero cuando el canto exterior deje de estar en contacto con el suelo, la rodilla se hundirá hacia dentro.

Pruebe esto: El canto exterior de la planta del pie está en contacto con el suelo –rodilla en posición correcta–. El canto exterior no toca el suelo –rodilla en mala posición (**2**)–. Para conocer la diferencia entre ambas posiciones le bastará con probar unas pocas veces la posición incorrecta. Para no perjudicar su salud es necesario que mantenga la posición correcta del pie y la rodilla tanto durante la práctica del Tai Chi Chuan como durante cualquier otra actividad de su vida cotidiana.

■ La regla de «cadera, rodilla y pie en línea» se aplica siempre que un pie carga con el peso del cuerpo, ¡tanto si es una parte como si es todo!

Posición de los talones y posición del gato

Ambas son posiciones de «sostenerse sobre una sola pierna». En ambas descansa todo el peso sobre un solo pie. El otro pie toca ligeramente el suelo, bien sea con el talón en la «posición de los talones» o con los dedos y la parte delantera del pie en la «posición del gato» (**3**).

Estas posiciones también puede practicarlas en su vida cotidiana. Cuando tenga que estar de pie puede aprovechar para practicar una de estas dos posiciones:

▶ Colóquese en la posición inicial y desplace todo su peso a la pierna izquierda.
● Gírese hacia la derecha dejando que el pie derecho rote sobre su

Posición del paso incorrecta (2)

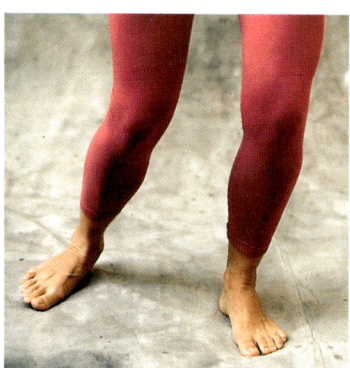

talón y ya estará en la posición de los talones.

• Regrese a la posición de partida, vuelva a cargar el peso a la izquierda y gire hacia la derecha. Pero esta vez deje que el pie derecho pivote sobre su parte delantera. De esta forma se pondrá en la posición del gato.

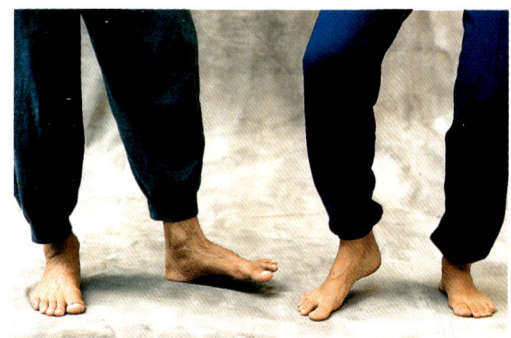

Posición de los talones y posición del gato (3)

■ En todas estas posiciones «sobre un solo pie» es especialmente importante que cuide que su rodilla se mantenga sobre la vertical del pie. Vigile frecuentemente su posición y asegúrese de que la cadera, la rodilla y el pie están en línea o que están orientados en la misma dirección, así como que el canto exterior del pie esté en contacto con el suelo. Con la experiencia ya verá cuál de estos métodos le es más útil. No importa el modo en que se asegure de que su posición es la correcta. Lo importante es que lo haga.

La mente

En el movimiento intervienen el cuerpo y la mente

El Tai Chi Chuan es un arte integral del movimiento. «Integral» significa que en su realización intervienen el cuerpo, la mente y el alma. Cuando el cuerpo y la mente están en armonía, el alma también está bien. Si nos movemos, el cuerpo y la mente han de participar en ese movimiento. En nuestra vida cotidiana es muy frecuente que estemos haciendo una cosa y pensando en otra. Por ejemplo, nuestras manos pueden estar pelando patatas mientras nuestra mente está pensando en la persona amada. Seguro que ya ha vivido muchas veces situaciones similares a ésta. Pero en la práctica del Tai Chi Chuan es importante que la mente se concentre en lo que estamos haciendo en ese momento.

▶ Colóquese en la posición inicial. Levante lentamente los brazos hasta que queden relajadamente en posición horizontal ante usted. A continuación déjelos descender lentamente hasta que regresen a la posición inicial. Siga este movimiento con la mente. Intente percibir todo lo que se mueve en sus brazos y en el resto del cuerpo, qué músculos son los que se contraen y cuáles los que se relajan. Practíquelo de diez a quince veces.

La mente mueve el cuerpo

Ahora, efectúe una variante de este ejercicio.

▶ Mientras sus brazos cuelgan a ambos lados del cuerpo, imagínese que los alza lentamente y que luego deja que vuelvan a descender. Inténtelo por lo menos diez veces y procure visualizar sus brazos lo mejor posible. Puede hacerlo con los ojos abiertos o cerrados, como usted prefiera.

Repita ahora el ejercicio, pero con una pequeña diferencia:

▶ Deje que sus pensamientos se materialicen. Primero imagínese el movimiento, y a continuación efectúelo. Sus brazos se alzan lentamente –como si lo hiciesen por sí solos– y luego vuelven a bajar. Repita el ejercicio unas cuantas veces y concéntrese siempre en su visualización del movimiento.

■ No es necesario que antes de empezar a moverse visualice completamente todo el movimiento. El desarrollo mental y físico del movimiento son casi simultáneos, lo que sucede es que el mental empieza un poco antes. Es algo parecido a lo que nos sucede al hablar. Cuando pronunciamos una palabra ya estamos pensando en las siguientes. Aquí también es la mente la que lleva la delantera.

El cuerpo y la mente van juntos

¿Recuerda el segundo ejercicio que realizó al tratar el tema de «movimientos de brazos» (pág. 38)? Consistía en girar el cuerpo a partir del centro mientras las manos «sostenían una pelota». En ese movimiento puede ejercitar muy bien la interacción de cuerpo y mente.

▶ Colóquese en la posición inicial, desplace el peso a la izquierda, gire hacia la derecha y regrese a la posición de partida.

• Ahora deje que los brazos sigan colgando a ambos lados del cuerpo sin hacer que sigan conscientemente el movimiento.
• Después de diez rotaciones regrese a la posición inicial y descanse.
• Repita la rotación e imagine que sus brazos sostienen una pelota –pero sin hacerlo– cuando usted gira hacia la derecha. Su mano derecha estará a la altura del pecho con la palma orientada hacia abajo y su mano izquierda estará a la altura del vientre con la palma orientada hacia arriba.
• Repita una vez más la rotación y permita que las manos se coloquen en las posiciones que ha visualizado anteriormente. Notará que sus manos y sus brazos se mueven como si lo hiciesen por sí solos.

Repita este ejercicio un par de veces, primero hacia la derecha y luego hacia la izquierda. Puede acelerarlo un poco, pero nunca deberá hacerlo a una velocidad a la que su mente ya no pueda seguir a los movimientos.

Por regla general, puede practicar cada movimiento de esta manera: primero efectúe el movimiento sólo mentalmente y luego realícelo con la mente y con el cuerpo.

El movimiento sigue a la mente

La mente

Preste atención

Estos ejercicios le habrán permitido conocer dos aspectos muy importantes de la relación entre cuerpo y mente, entre movimiento y pensamiento:
- la visualización mental de los movimientos con la ayuda de su imaginación y
- la traslación de la imagen mental al movimiento físico.

A esto hay que añadir un tercer aspecto:
- la atenta observación del movimiento.

Concentre al máximo su atención en el movimiento durante todo su desarrollo, desde que empieza hasta que acaba, de forma que pueda visualizarse a sí mismo mientras lo realiza.

■ Estos tres factores –visualización, movimiento y atención– son imprescindibles para un movimiento integral. Cuando el movimiento se crea en la imaginación, se realiza mediante el cuerpo y se acompaña con la atención sí que podemos hablar de movimiento integral.

Lo ideal es que todo suceda de forma simultánea: la visualización, la realización y el seguimiento atento del movimiento. Pero necesitará concederse algún tiempo hasta alcanzar este ideal. Es posible que al cabo de poco tiempo por un momento tenga la sensación de haberlo logrado. «¡Ajá! ¡Ya lo tengo!». Pero para mantener esta sensación durante un largo espacio de tiempo hace falta bastante práctica.

Imaginación, movimiento, atención

Unión de dentro hacia fuera

Un principio muy importante del Tai Chi Chuan es la conexión de dentro hacia fuera –del centro del cuerpo, en el que se origina el movimiento, hacia la periferia, las manos y los pies–. Usted ya ha tenido oportunidad de experimentarlo al practicar los ejercicios de rotación (pág. 35). Para que los movimientos sean armoniosos es necesario que exista una sintonía entre todas las partes del cuerpo.

▶ Imagínese que su cuerpo se mueve como un alga o como una cuerda. Cuando se mueve un extremo, el movimiento se traslada en forma de ondulación hasta la otra punta. Para comprobar este efecto le bastará con mover un brazo. Eleve ligeramente un hombro y deje que ese movimiento se transmita al brazo, codo, antebrazo, muñeca, dorso de la mano y, finalmente, a los dedos de forma que se vayan levantando sucesivamente.

• Complete este movimiento bajando el hombro. Primero levante ligeramente el hombro y deje que el brazo siga el movimiento como en el caso anterior. Cuando el movimiento haya llegado al extremo de la «cuerda», es decir, a los dedos, deje que el hombro vuelva a descender y baje seguidamente el brazo, codo, antebrazo, muñeca, dorso de la mano y dedos.

Estos son dos ejercicios aislados para un brazo que sirven para mostrar claramente el principio «de dentro hacia fuera». Pero no son verdaderos movimientos de Tai Chi porque parten del hombro y no del centro del cuerpo. Además, en la práctica del Tai Chi Chuan los hombros siempre han de estar bajos.

▶ Repita ahora el último ejercicio, pero con otro punto de partida. La «cuerda» empieza ahora en el centro del cuerpo. La primera parte del movimiento la efectúa exclusivamente con la mente. Imagínese un impulso que parte de su bajo vientre y se prolonga en dirección al hombro. Cuando llega hasta él, se introduce en el brazo y lo mueve de la forma que hemos visto anteriormente. Pero aquí se produce un pequeño cam-

«Ejercicio de la cuerda» con los brazos

Del centro del cuerpo hacia la periferia

bio: el hombro permanece bajo, no se levanta. Concentre su atención en el desarrollo del movimiento desde el centro del cuerpo hasta los dedos.

No se olvide de repetirlo con el otro brazo.

Abrir las articulaciones

Otro principio del Tai Chi Chuan muy importante para que el movimiento pueda fluir de dentro hacia fuera, del centro del cuerpo hacia la periferia, es el de las articulaciones «abiertas». «Abierta» significa que la distancia entre los huesos que la conforman deberá ser lo mayor posible, de forma que se tenga una sensación de «apertura».

▸ Ponga una goma de borrar (u otro objeto similar) sobre la mesa. Siéntese de lado respecto a esa mesa, de forma que su hombro derecho esté orientado hacia la mesa y que extendiendo completamente el brazo derecho su mano llegue a estar a 1-3 cm de la goma, pero sin llegar a tocarla. Intente alcanzar la goma de borrar sin mover el tronco o el hombro derecho en ese sentido. Coloque su mano izquierda sobre el hombro derecho para impedir ese movimiento.

■ Seguramente habrá conseguido «estirar» el brazo un poco más y habrá alcanzado la goma de borrar. Para ello ha tenido que estirar, «abrir», las articulaciones del brazo (hombro, codo, muñeca y dedos). Probablemente también se habrá dado cuenta de que en este caso levantar el hombro no servía para nada.

Intente integrar esta sensación de «apertura» en el «ejercicio de la cuerda»:

▸ Deje que la «cuerda» vuelva a partir de su centro y se prolongue hasta los dedos.

Practique primero la «apertura de articulaciones» en los hombros. El brazo se extiende todo lo posible hacia fuera, de modo que el húmero se aparte del omoplato y del esternón; éstos descenderán todo lo que puedan. Pruébelo un par de veces.

A continuación intente «abrir» el codo. Notará cómo se separan el húmero, el cúbito y el radio.

Repita el mismo proceso con la muñeca y con los dedos hasta que sea capaz de efectuar todo el «movimiento de la cuerda» notando cómo se «abren» las articulaciones.

«Ejercicio de la cuerda» con las piernas

Ser consciente de los propios movimientos

«Abrir» la articulación del hombro

Al practicar la forma se comprenden mejor los principios básicos

Abrir las articulaciones

También tendrá que realizar el «ejercicio de la cuerda» con las piernas, y aquí el punto clave es la «apertura» de la articulación de la cadera. Intente notar cómo el fémur se «aparta» de la cadera. Muchas personas tienen esta zona bastante anquilosada y tienen problemas con la ingle. La «apertura» de la articulación de la cadera les puede ser de gran utilidad.

▸ Colóquese en la posición inicial y desplace todo el peso a la pierna izquierda. Gire el centro hacia la derecha y deje que su pierna derecha oscile lentamente «como una cuerda» hacia la derecha desde la cadera hasta los dedos del pie, hasta que el pie derecho vuelva a posarse en el suelo.

Practíquelo varias veces e intente «abrir» –al igual que con los brazos– una detrás de otra las articulaciones de cadera, rodilla, tobillo y dedos del pie. Repita el ejercicio hacia ambos lados.

■ Estos dos principios del Tai Chi Chuan, «de dentro hacia fuera» y «abrir las articulaciones», son muy importantes para una buena ejecución de la forma del Tai Chi. Sin embargo, no es fácil comprenderlas y realizarlas correctamente. Sé por experiencia que la apertura de las articulaciones es la que cuesta más de aprender. Por suerte no es imprescindible dominar completamente estos dos principios antes de iniciar el aprendizaje de la forma. Al contrario, al practicar la forma se consigue comprender y aprender mejor estos principios.

Por tanto, empiece a aprender la forma y no deje que estos principios le agobien. Pero tampoco los olvide, porque forman parte del Tai Chi Chuan. En cuanto empiece a dominar las posturas deberá volver a practicar de vez en cuando los ejercicios básicos.

Respiración

Obtención del Qi mediante la respiración

La respiración se encarga de proporcionar oxígeno a nuestro organismo y eliminar el dióxido de carbono procedente de la respiración celular. Dado que este intercambio gaseoso es de una importancia vital para nuestro organismo, es necesario que usted se preocupe de respirar correctamente.

En la descripción china del Qi se afirma que la respiración desempeña el papel central en la entrada y salida del Qi.

Cuando el óvulo y el espermatozoide de los padres se unen durante la procreación, el individuo recibe una determinada cantidad de Qi de sus progenitores. Este Qi «prenatal» con el que venimos al mundo, que es el equivalente de lo que nosotros conocemos como vitalidad, se va consumiendo a lo largo de la vida; cuando se acaba, la persona muere.

Mediante la respiración y la alimentación se adquieren el «Qi respiratorio» y el «Qi nutricional». Estos Qi «postnatales» actúan en el organismo junto con el Qi «prenatal» y facilitan la vida. Si usted cuida de proporcionar a su cuerpo un buen suministro de Qi «postnatal», es decir, si respira bien y se alimenta de forma saludable, podrá conservar durante más tiempo su Qi «prenatal» e incluso es posible que compense sus puntos débiles.

Con la respiración se toma «Qi respiratorio» fresco y se elimina el Qi «viejo y gastado».

Respiración torácica y respiración abdominal

La falta de ejercicio físico hace que actualmente haya mucha gente que solamente respira con el tórax. En la respiración torácica, al inspirar se ensancha el pecho y al espirar desciende el esternón. En este tipo de respiración, el diafragma –un estrato conjuntivo muscular situado bajo los pulmones y que separa la caja torácica de la cavidad abdominal– permanece prácticamente inmóvil.

Sin embargo, en la respiración abdominal el diafragma desciende al inspirar y hace que aumente la capacidad de los pulmones. Así se puede tomar más aire y, por tanto, más oxígeno. Además, esta respiración requiere menos esfuerzo por parte de los músculos respiratorios del pecho y de la espalda y es importante para mantener el cuerpo en una postura relajada.

Respiración abdominal natural e inversa

Existen dos tipos de respiración abdominal, la respiración abdominal «natural» y la «inversa». Se diferencian en la forma en que se mueve el vientre. En la respiración abdominal natural se dilata al inspirar (**1**) y se contrae al espirar.

En la respiración abdominal inversa, el vientre desciende al inspirar (**2**) y asciende al espirar.

▸ Colóquese en la posición inicial y apoye una mano sobre su abdomen y la otra sobre el esternón. Al respirar, procure mover el tórax lo menos posible y alzar el vientre. Al espirar vuelve a descender el vientre.

Controle los movimientos del abdomen con una mano y los de la caja torácica con la otra.

Inspiración en la respiración abdominal natural (1)

Inspiración en la respiración abdominal inversa (2)

Así podrá practicar la respiración abdominal natural. De todos modos, a medida que vaya adquiriendo práctica no necesitará seguir controlando el movimiento del vientre, sino que notará que éste se mueve por sí solo –se con-

Respiración

vertirá en un movimiento involuntario.

Practique ahora la respiración abdominal inversa:

▶ Colóquese en la posición inicial y apoye una mano sobre su abdomen y la otra sobre el esternón. Intente contraer ligeramente el vientre al inspirar y relajarlo al espirar, de forma que se hinche un poco. La caja torácica, al igual que en el ejercicio anterior, deberá moverse lo menos posible. Las manos vuelven a ser de ayuda para controlar el pecho y el abdomen.

La respiración abdominal inversa es una práctica habitual en las artes marciales asiáticas. En los movimientos de ataque, especialmente en los golpes de puño o de pie, se espira «en el vientre», es decir, el abdomen se hincha, porque este tipo de respiración favorece la aplicación de la fuerza. Muchas veces se apoya la espiración con un grito de lucha.

▶ Colóquese en la posición inicial. Intente gritar desde lo más profundo del abdomen.
Intente realizar los dos tipos de respiración abdominal: la «natural» (el vientre se contrae) y la «inversa» (el vientre se dilata). Fíjese con cuál de las dos puede gritar con más fuerza.

Si no quiere molestar o asustar a sus vecinos será mejor que no grite con todas sus fuerzas.

Para notar la diferencia no es necesario gritar a pleno pulmón.

Por favor, tenga esto en cuenta

Tenga mucho cuidado al realizar ejercicios respiratorios. Si inspira y espira con mucha rapidez puede llegar a sentir malestar y pueden aparecer molestias tales como mareos, náuseas, hiperventilación o sensación de sofoco.

No fuerce nunca la respiración. Respire tranquila y pausadamente. Si se siente indispuesto durante la realización de un ejercicio, interrúmpalo, camine un poco o siéntese durante unos momentos. Lo más probable es que al cabo de poco rato se vuelva a sentir bien y pueda continuar con el ejercicio.

Si no sucediese así, dé por finalizados los ejercicios del día.

Potenciar la espiración con un grito

Respiración torácica y respiración abdominal

Si lo de gritar no se le da bien, puede probar de golpear un cojín con el puño o con la palma de la mano y comprobar la fuerza en cada tipo de respiración.

En comparación con la respiración abdominal natural, la inversa tiene un efecto de «bombeo» del Qi más acusado. Esto se debe a que la cavidad abdominal, en la que reside el Dan Tian (pág. 17), al inspirar se comprime por el descenso del diafragma y al espirar se dilata por el ascenso del diafragma y del vientre.

Este «bombeo» no sólo es beneficioso para que el Qi fluya hacia y desde el Dan Tian, sino también para los órganos internos. A éstos les proporciona un suave masaje que estimula su funcionamiento, lo cual vuelve a ser beneficioso para el flujo general del Qi.

■ Los movimientos del Tai Chi Chuan requieren una profunda respiración abdominal, y ésta es potenciada por los constantes desplazamientos del peso hacia delante y hacia atrás.

Básicamente podemos decir que al desplazarlo hacia delante espiramos y al desplazarlo hacia atrás inspiramos. Los movimientos en los que se alzan los brazos suelen ir asociados a la inspiración, mientras que aquellos en los que los brazos descienden suelen coincidir con la espiración. Si usted practica regularmente el Tai Chi Chuan, su forma de respirar pasará automáticamente a una de las dos formas de respiración abdominal, si es que usted no respira ya con el vientre. A algunas personas les es más fácil la respiración abdominal natural, pero hay otras que prefieren la inversa. Su cuerpo ya decidirá cuál es la mejor para usted. No tiene que forzarlo a una de ellas.

Al aprender las posturas deberá tener en cuenta que ha de inspirar y espirar por la nariz. Cuando ya se sienta seguro en el desarrollo de la forma será interesante que se limite a observar su respiración, pero sin influir en ella.

No influir en la respiración

Armonía en los movimientos

La forma es el núcleo del Tai Chi Chuan. Primero hay que aprenderla y luego siempre se vuelve a practicar.
La sucesión de movimientos representa el fluir de la energía vital que nos permite que éstos se desarrollen con una facilidad tan fascinante.
Es como un juego: al jugar se gana experiencia y la experiencia hace que se vuelva fácil.
Disfrute del Tai Chi Chuan y permita que esa facilidad y esa ligereza no sólo se manifiesten en sus ejercicios sino también en su vida cotidiana.

Ejercicios de preparación

Antes de empezar a practicar la forma, siempre tendrá que efectuar algunos ejercicios de aflojamiento, estiramientos y ejercicios respiratorios. Así se «sacudirá» los problemas cotidianos de encima, notará la primera sensación del estado en que se encuentra su cuerpo –y usted mismo– y lentamente empezará a ganar la concentración que necesita para practicar la forma. De entre los siguientes ejercicios puede elegir los que más le seduzcan. No tiene que realizarlos todos, ni tampoco es necesario que siga este orden.

Sin embargo, es muy recomendable que empiece con algunos ejercicios de aflojamiento y luego pase a los estiramientos. Realizar estiramientos sin un precalentamiento podría causarle lesiones.

Al acabar deberá volver a realizar un aflojamiento y finalizar la preparación con uno o dos ejercicios respiratorios.

Pruebe todos los ejercicios al menos una vez y luego configure el programa de preparación que mejor se adapte a sus necesidades. Si conoce otros ejercicios de calentamiento que se adapten bien a este programa puede emplearlos tranquilamente.

Aflojamientos

Realice estos ejercicios sin esforzarse y empleando la menor fuerza muscular posible. Practique todo el rato que desee siempre que le siente bien. Para estos ejercicios no proponemos ninguna duración concreta.

Rotar las articulaciones

▶ Colóquese en la posición inicial y haga girar las caderas. Empiece describiendo círculos pequeños y vaya agrandándolos progresivamente. La cabeza permanece erguida en la vertical de los pies y no gira. Cambie frecuentemente de sentido.
• Haga girar los hombros, primero hacia delante y luego hacia atrás. Describa círculos lo más grandes posible y cuide de que sus hombros se mantengan re-

Primero aflojar, luego estirar

Aflojamientos

lajados. Los brazos cuelgan relajadamente a ambos lados del cuerpo.

● Haga girar las manos en ambos sentidos para que se aflojen las articulaciones de las muñecas.

● Apóyese sobre una pierna, levante un poco la otra y haga girar el pie. Al cabo de un rato cambie el sentido de rotación y luego cambie de pierna.

Dejar que los brazos oscilen

▶ Colóquese en la posición inicial y gire su tronco a la izquierda y a la derecha a partir del centro. Los pies se mantienen firmemente apoyados contra el suelo. Deje los brazos flojos de forma que oscilen a izquierda y derecha con los giros (**1**).

● Realice una variante de este ejercicio en la que al girar se pone en cuclillas y luego vuelve a levantarse (**2**).

Agitar

Importante: Si tiene algún tipo de lesión de rodilla deberá practicar este ejercicio con muchas precauciones o prescindir de él.

▶ Colóquese en la posición inicial y sacuda un poco las rodillas. Deje que el resto del cuerpo siga ese movimiento y se agite también un poco.

Dejar que los brazos oscilen (2)

Dejar que los brazos oscilen (1)

Ejercicios de preparación

Golpear el cuerpo

Golpearse el cuerpo es una práctica habitual en China. No sólo afloja los músculos, sino que también estimula el flujo de la energía. Normalmente se empieza por las piernas y luego se sigue «trabajando» el tronco, los brazos y la nuca hasta llegar a la cabeza. Pero también puede hacerlo al revés, es decir, empezar por la cabeza y acabar por los pies.

Pruebe de las dos maneras y luego elija la que le resulte más agradable. También puede decidir si se golpea con los puños o con las palmas de las manos. Lo importante es que se golpee de forma regular y uniforme y, naturalmente, sin que le duela.

Afloja la musculatura y estimula el flujo de energía

▸ Póngase de pie, agáchese y empiece a golpearse la parte anterior de las piernas, de la cadera hacia abajo y vuelta; luego haga lo mismo en la parte posterior, en la cara exterior y en la interna. Incluya también los pies.
• Vaya con mucho cuidado al golpearse en el bajo vientre, especialmente en la ingle.
• Golpéese enérgicamente en los glúteos y luego suavemente en la zona de los riñones.
• Ascienda hacia el abdomen y el tórax deteniéndose un poco en cada zona. Golpee en círculo o simplemente arriba y abajo.
• Golpee con la mano o puño derecho el hombro izquierdo y la nuca. Luego cambie de mano y hágalo en el lado derecho.
• Extienda el brazo izquierdo hacia delante y golpéelo con la mano o puño derecho desde el hombro hasta la mano y vuelta por la parte superior, por la inferior, por el lado externo y por el interno. Luego, cambie de brazo.
• Finalmente, golpéese la cabeza con las yemas de los dedos. Empiece por el occipital, siga por la parte superior del cráneo y luego llegue a la frente, a los temporales, a las mejillas y, finalmente, a la mandíbula. Al final, frótese las manos hasta que se calienten y fuego «lávese» la cara frotándola con ellas. Para acabar, frótese la parte superior del cráneo y la nuca.

Refresca y vitaliza

■ Concentre toda su atención cuando golpee la región renal. Los riñones desempeñan un papel muy importante en la medicina tradicional china. Se considera que en ellos reside el Qi, por lo que es muy importante conservar su funcionalidad. Por tanto, golpear y friccionar la región renal es un ejercicio muy habitual e importante para los chinos. Si lo desea,

Aflojamientos

PRÁCTICA 61

Frotar la región renal

puede inclinarse un poco hacia delante.

El ocho acostado

Este ejercicio afloja las articulaciones de las caderas y las hace más flexibles. Y esto es muy importante para el Tai Chi Chuan porque las articulaciones de las caderas son la unión entre el tronco y las piernas. Las piernas son las «columnas» sobre las que se mueve el tronco, y la unión entre éste y las piernas solamente podrá ser buena si la articulación de la cadera se mantiene flexible y en forma.

▶ Adopte la posición del paso con el pie derecho hacia delante. Apoye el 70 % de su peso sobre la pierna delantera y mantenga el vientre en dirección al pie delantero. Mantenga los brazos colgando o apóyelos suavemente en las caderas (**1**).
• Desplace su peso en un 100 % al pie izquierdo y gire el cuerpo hacia la izquierda hasta que su vientre apunte en dirección al pie izquierdo.
Repita este ejercicio algunas veces. Dé alguna vez un paso más largo y repita el ejercicio mientras pueda mantenerse bien en pie.

«Ocho acostado» (1)

«Ocho acostado» (2)

• Desplace su peso otra vez hacia delante y gírese hasta regresar a la posición de partida (**2**).
• Guíe el movimiento contrario, y antes de desplazar el peso gire hacia la izquierda y hacia atrás. A continuación cargue el peso sobre

Ejercicios de preparación

la pierna trasera. Ahora gire otra vez hacia la derecha y cargue el peso hacia delante.
• Al cabo de un rato cambie la posición de forma que el pie izquierdo esté delante y el derecho detrás, y practique al otro lado.

Estiramientos

Los estiramientos son un buen complemento para los movimientos del Tai Chi Chuan. Si antes de practicar el Tai Chi Chuan realiza siempre algunos estiramientos, le será mucho más fácil conseguir pronto unos movimientos suaves y fluidos. En China es habitual estirarse durante unos 30 minutos antes de practicar el Tai Chi Chuan. Pero no pasa nada si usted no puede dedicar tanto tiempo. Pero para que los estiramientos sean efectivos deberá realizarlos por lo menos durante 10 minutos.

El éxito de los estiramientos se basa en su repetición y en una progresión lenta. Realice los ejercicios varias veces uno después del otro y auméntelos mientras sigan siendo agradables. Asegúrese de hacer siempre una breve pausa entre los ejercicios.

He clasificado los ejercicios de estiramientos en ejercicios para las piernas, para el tronco, para los brazos y para la nuca. Pero los ejercicios no sólo actúan sobre esas zonas sino que siempre afectan también a otras partes del cuerpo. La clasificación sirve para indicar en qué parte del cuerpo es en la que se percibe principalmente el estiramiento.

Tenga en cuenta lo siguiente:

• Efectúe los estiramientos lentamente y con cuidado para no lesionarse. Empiece con pequeños estiramientos y manténgalos durante unos momentos antes de relajarse y volver a estirarse un poco más.
• No se exceda nunca. Interrumpa el ejercicio si nota algún dolor.

Tenga en cuenta que los músculos y tendones que quizá lleven años sin estirarse es probable que necesiten algún tiempo hasta recuperar su elasticidad.

Un par de sugerencias respecto a la respiración:

• Espire cuando realice el estiramiento.
• Cuando note el estiramiento siga respirando tranquilamente. Mucha gente aguanta la respiración durante los estiramientos, y esto les provoca una desagradable sensación de opresión en la caja torácica y en la cabeza. La falta de

Los movimientos ganan fluidez

Hay que repetir los estiramientos con frecuencia

Estirar despacio y con cuidado

PRÁCTICA
Estiramientos
63

Respirar correctamente

oxígeno también puede provocar malestar y mareos.
- Inspire al dejar el estiramiento.

Para las piernas

Los siguientes ejercicios están destinados a estirar los músculos de las piernas y de la parte inferior de la espalda. Ayudan a que las articulaciones de las caderas se muevan con mayor facilidad.

Estiramiento en posición de paso

▶ Colóquese en la posición de paso, con la pierna derecha hacia delante. Cargue el 70 % de su peso sobre la pierna derecha y oriente el centro hacia el pie derecho (**foto**).
- Apoye el talón trasero, el izquierdo, sobre el suelo y apriete con la rodilla izquierda. Mantenga el estiramiento durante unos 30 segundos y luego aflójelo.
- Amplíe un poco el paso y repita el ejercicio.
- Ejecute una variante en la que el pie izquierdo gira con respecto a la posición del paso y se orienta en el mismo sentido que el derecho, es decir, hacia delante. Apriete con el talón derecho contra el suelo. Al cabo de un rato cambie de posición. Cuide de que el tronco permanezca siempre erguido y no se curve hacia delante.

Estiramientos en la posición del paso

Cogerse los pies

▶ Colóquese en la posición inicial. Dóblese hacia delante y hacia abajo e intente tocar con las manos sus tobillos o incluso el suelo.
- Al realizar este ejercicio, cuide de que al agacharse su columna permanezca lo más recta posible. Para ello es necesario que se doble por las articulaciones de la cadera y no por la cintura.
- Cuando esté flexionado hacia delante, la cabeza deberá colgar hacia abajo.
- Presione lentamente con las rodillas hacia atrás y mantenga esta posición durante unos momentos (**foto página siguiente**).
- Afloje de nuevo las rodillas y vaya levantando la columna vértebra a vértebra desde abajo (sacro) has-

Cogerse los pies

ta arriba (atlas), hasta que vuelva a estar en posición erguida.

Para el tronco

Inclinaciones de cabeza

Con este ejercicio se consigue estirar toda la parte superior del cuerpo de una forma muy efectiva y sencilla.

• Colóquese en la posición inicial, pero mantenga sus pies con una separación que sea el doble de la habitual. Reparta el peso a partes iguales entre ambas piernas.

Cuanto más separe los pies, mayor será el estiramiento. ¡Pero no se exceda!

• Póngase un poco en cuclillas y apoye las manos en las rodillas con los dedos orientados hacia dentro (**1**).

• Mueva el torso describiendo un amplio círculo en el sentido contrario al de las agujas del reloj, es decir, inclínese hacia la izquierda y apoye la oreja izquierda sobre la rodilla izquierda o sobre el dorso de la mano izquierda.

• Espire y mantenga esta posición durante unos momentos.

• Afloje el estiramiento y oscile el torso lentamente hacia la derecha.

Apoye ahora la oreja derecha sobre la rodilla derecha y mantenga la posición durante unos momentos (**2**).

• Cierre el movimiento circular

Por favor, tengo muy en cuenta

Si usted tiene tendencia a la hipertensión deberá ir con mucho cuidado al realizar aquellos ejercicios en los que tenga que inclinarse hacia delante con la cabeza colgando hacia abajo, porque la sangre se concentrará en ella. En caso de duda consulte a su médico. Es probable que le recomiende abreviar esos ejercicios o prescindir totalmente de ellos.

Estiramientos

PRÁCTICA 65

Inclinarse con la cabeza (1)

Inclinarse con la cabeza (2)

colocándose en posición erguida y regresando a la posición de partida.

• Efectúe el ejercicio dos o tres veces en sentido contrario a las agujas del reloj, y dos o tres veces en sentido de las agujas del reloj.

Rotación de la columna vertebral

Este ejercicio sirve para distender la columna vertebral, es decir, rota sobre sí misma con cada movimiento del torso y así mejora su movilidad.

Importante: si tiene algún problema de vértebras o discos deberá practicar extremando las precauciones.

▶ Colóquese en la posición inicial y gire primero las caderas y luego los hombros todo lo que pueda hacia la derecha (**foto**).

• Regrese a la posición inicial y efectúe el ejercicio hacia el otro lado.

• Los pies deberán permanecer fijos sobre el suelo. Mueva solamente el torso, que a lo largo del ejercicio deberá poder girar cada vez más. Los brazos y la cabeza siguen el movimiento relajadamente.

«Sostener el cielo»

Este ejercicio estira tanto el torso como los brazos.

Tenga en cuenta estos puntos:

• Deje los hombros caídos.
• Los brazos han de estar ligeramente flexionados, es decir, sin hacer ninguna fuerza.

Ejercicios de preparación

Girar la columna vertebral

- El coxis desciende mientras los brazos ascienden, con lo cual se consigue el estiramiento de la columna. Por decirlo de algún modo, el torso cuelga de los brazos «como un cesto de su asa».

«Sostener el cielo»

▶ Colóquese en la posición inicial. Levante ambos brazos paralelamente al cuerpo hasta que las manos puedan entrelazarse sobre la cabeza.
- Gire las palmas de las manos hacia arriba y estire los brazos como si quisiese «sostener el cielo», que es como se llama esta postura en chino. Ahora espire y conserve esta posición durante algunos segundos (**ver foto**).
- Afloje el estiramiento: las manos se separan y los brazos descienden lentamente hasta recuperar la posición inicial.
- Repita este ejercicio tantas veces como desee.

Para los brazos

En estos ejercicios es muy importante que mantenga los hombros distendidos y que no haga presión con los codos.

Extender los brazos lateralmente

▶ Colóquese en la posición inicial. Alce los brazos lateralmente hasta colocarlos a la altura de los hombros. Las palmas de las manos estarán orientadas hacia el suelo.
- Extienda los brazos hacia fuera desde los hombros hasta los dedos de forma que cada vez se alarguen más (**foto página siguiente**).

Estiramientos

Extender los brazos lateralmente

- Mantenga el estiramiento durante unos momentos y luego relaje los brazos, pero siga manteniéndolos en posición horizontal.
- Repita el ejercicio las veces que quiera y para finalizar deje que los brazos desciendan lentamente hasta recuperar la posición inicial.

Pruebe también las variantes que le proponemos a continuación. En todas ellas hay que mantener los brazos extendidos lateralmente a la altura de los hombros.

- Oriente las manos de forma que los dedos apunten hacia arriba y las palmas hacia los lados.
- Gire los brazos y las manos hacia atrás hasta que las palmas queden orientadas hacia arriba.
- Gire los brazos y las manos hacia delante hasta que las palmas queden orientadas hacia arriba.
- Gire un brazo hacia delante y el otro hacia atrás hasta que las palmas de ambas manos queden orientadas hacia arriba.

Para la nuca

Al realizar este ejercicio es importante que cuide de que el tronco (torso y hombros) no gire también. Solamente se han de mover los ojos y la cabeza. Imagine que son los ojos los que tiran de la cabeza para hacerla girar.

▶ Colóquese en la posición inicial. Mire hacia la izquierda haciendo que los ojos se orienten hacia ese lado.
- A la vez que espira, gire la cabeza todo lo que pueda hacia la izquierda. Mantenga el estiramiento durante unos momentos.
- Dirija la vista hacia la derecha y gire a continuación la cabeza todo lo que pueda hacia la derecha. Mantenga el estiramiento durante unos momentos y vuelva a girar hacia la izquierda.
- Realice este estiramiento por lo menos dos veces en cada sentido.

Ejercicios de preparación

Mirar hacia atrás

Ejercicios respiratorios

Estos ejercicios también hay que realizarlos con el menor esfuerzo posible. Lo importante es respirar tranquilamente y con regularidad.

No es necesario realizar inspiraciones especialmente largas y profundas. Estos esfuerzos perjudican la respiración en vez de favorecerla. Puede efectuar los ejercicios respiratorios con los ojos cerrados o entreabiertos.

En algunos ejercicios hay que concentrar la atención en la respiración, es decir, solamente se «observa» la respiración. Pero esto es más fácil decirlo que hacerlo, porque normalmente nos acuden a la mente todo tipo de pensamientos (por ejemplo: «Aún tengo que solucionar esto y aquello...») que nos distraen de la respiración.

No se preocupe, porque es totalmente normal que esto suceda. En este caso, solucione tranquilamente sus pensamientos y luego despídase de ellos con firmeza para volver a concentrarse en la respiración. Deje que sus pensamientos pasen por sí solos y no profundice más en ellos porque luego cada vez le sería más difícil regresar al ejercicio.

■ No respire demasiado rápido ni demasiado profundo porque una hiperventilación podría provocarle náuseas u otros efectos muy desagradables. Si practica con los ojos cerrados puede suceder que cuando lleve un rato de pie empiece a oscilar. No se preocupe si nota que su cuerpo efectúa un ligero movimiento pendular hacia delante y hacia atrás, siempre y cuando no llegue a perder el equilibrio.

Observar la respiración

Si esto llegase a suceder, interrumpa el ejercicio.

Las oscilaciones desaparecerán inmediatamente en cuanto abra los ojos, y luego podrá continuar tranquilamente su ejercicio. En muchos casos es mejor seguir practicando hasta el final con los ojos entreabiertos.

Ejercicio básico del Dan Tian

Éste es un ejercicio básico que le ayudará a relajarse.

▶ Colóquese en la posición inicial y apoye las manos una sobre la otra sobre el Dan Tian, es decir, sobre el centro energético situado por debajo del ombligo. La mujeres deben colocar primero la mano derecha sobre el

Ejercicios respiratorios

PRÁCTICA 69

Posición básica del Dan Tian

Dan Tian, y la izquierda sobre ésta. Los hombres lo hacen al revés.
• Respire por la nariz con tranquilidad y de forma regular y profunda, sin esforzarse. Concentre su atención en el flujo del aire, pero sin influir en él (**foto**).

■ No es fácil concentrarse en la respiración durante mucho rato sin influir en ella. Si nota que está alterando su ritmo respiratorio tendrá que procurar relajar su cuerpo, especialmente el tórax y el abdomen. Así se consigue que se relajen los músculos respiratorios y que solamente actúen lo necesario para mantener una respiración natural.

Fuera tensiones

Este ejercicio ayuda a liberarse de las tensiones y contracciones. Con esta finalidad hay que «respirar» una parte del cuerpo detrás de otra: Al inspirar piense en una parte del cuerpo e imagine que dirige la respiración hacia allí. Al espirar piense: «relajar» e imagine que la tensión fluye hacia fuera y abandona el cuerpo.

▶ Colóquese en la posición inicial con las manos apoyadas en el Dan Tian y efectúe tranquilamente algunas inspiraciones.
• Deje que los brazos cuelguen relajadamente y su cuerpo «respire» desde arriba hacia abajo: al inspirar piense en su cráneo e imagine que los brazos se orientan hacia él. Al espirar piense: «Relajar el cráneo». Repítalo con la siguiente inspiración.
• Pase a la cara, y oriente la siguiente inspiración hacia allí. Relaje la cara al espirar.
• Haga lo mismo con la nuca, los hombros, los brazos, los antebrazos, las manos, el pecho, la espalda, el vientre, la ingle, los muslos, las piernas y, finalmente, los pies. Respire dos veces en cada sitio y luego pase al siguiente.
• Para finalizar vuelva a apoyar las manos en el Dan Tian y respi-

Ejercicios de preparación

re pausadamente unas pocas veces.

Si una zona del cuerpo está especialmente tensa puede respirar en ella el número de veces que crea necesario. Cuando pase de una zona a otra puede respirar un par de veces «con normalidad» sin concentrarse en ninguna parte del cuerpo en concreto. También puede mantener las manos sobre el Dan Tian durante todo el ejercicio. Si lo desea, puede realizar este ejercicio dos veces seguidas.

Respiración y movimiento

En este ejercicio se une la respiración a uno de los movimientos básicos del Tai Chi Chuan. De lo que se trata es de conseguir el ritmo correcto. Cuide de no desplazar el peso demasiado deprisa hacia delante y hacia atrás, y no mantenga un ritmo respiratorio demasiado elevado.

▶ Colóquese en la posición del paso, con el pie derecho adelantado y el peso del cuerpo cargado sobre él. Al inspirar desplace el peso hacia atrás, y al espirar vuelva a desplazarlo hacia delante. La inspiración se realiza a través de la nariz, y se espira por la nariz o por la boca. Concentre su atención en la respiración.

«Recogimiento del Qi en dos tiempos»

Este ejercicio se emplea para finalizar cualquier sesión de ejer-

«Recogimiento del Qi en dos tiempos» (1)

«Recogimiento del Qi en dos tiempos» (2)

Ejercicios respiratorios

cicios de Qi Gong, y yo se lo recomiendo como punto final de los ejercicios de preparación para el Tai Chi Chuan.

▶ Colóquese en la posición inicial. Al inspirar levante ambas manos por encima del cuerpo de forma que sus palmas miren hacia arriba. Mueva los brazos hasta que las palmas de las manos apunten hacia la cabeza o hacia atrás (**1**).
- Al espirar deje que las manos desciendan por delante de la cabeza y del torso hasta llegar al Dan Tian. Los dedos de una mano apuntan hacia los de la otra.
- Repita este movimiento.
- En la siguiente inspiración desplace las manos horizontalmente hacia delante a la altura del Dan Tian y con las palmas orientadas también hacia delante (**2**).
- Al espirar lleve las manos de regreso al Dan Tian y colóquelas una sobre la otra. Mujeres, mano izquierda sobre la derecha; hombres, mano derecha sobre la izquierda.
- Respire unas cuantas veces manteniendo esta posición y luego deje que las manos desciendan relajadamente hasta quedar colgando a ambos lados del cuerpo.

La forma del Tai Chi Chuan

Todos los que se inician en el Tai Chi Chuan aprenden una «forma», es decir, una sucesión de movimientos fija y establecida. Una forma consta de varias posturas –a veces también se las llama «cuadros»–, que fluyen sucesivamente una detrás de otra. Estas posturas proceden originalmente de las artes marciales de autodefensa. Son técnicas de defensa o de ataque compuestas por un número variable de movimientos simples.

Posturas de autodefensa

Forma abreviada del estilo Yang

La forma abreviada que describiremos a continuación le permitirá darse cuenta del tipo de movimientos que se emplean en el Tai Chi Chuan. El desarrollo de esta forma corresponde, con algunas pequeñas variaciones, a la primera parte de la forma tradicional del estilo (o sistema) Yang (pág. 11 y siguientes). De todos modos, hemos prescindido de algunas repeticiones. Su realización dura, según la velocidad de cada practicante, de tres a cinco minutos (la forma tradicional dura 20 minutos) y se pueden efectuar tantas repeticiones sucesivas como se desee.

Si se aficiona al Tai Chi Chuan y decide seguir un curso, lo más probable es que aprenda una forma que empiece con este mismo desarrollo –o, por lo menos, se encontrará de nuevo con todas estas posturas.

Orientación según los puntos cardinales

Para poder indicar las direcciones de las rotaciones del cuerpo de forma breve y precisa las expresaremos en función de los puntos cardinales. Por tanto, divida su lugar de prácticas en norte, oeste, este y sur. Si tiene dificultades para orientarse, dibuje en cuatro hojas de papel las letras N (norte), S (sur), E (este) y W (oeste), y colóquelas en sus lugares respectivos.

No importa si el «norte» de su lugar de prácticas coincide o no

Orientación según los puntos cardinales

con el «norte» geográfico. En China es habitual hacer esta división –sirve como ayuda para orientarse– y a usted le ayudará a aprender y más tarde le será de utilidad cuando practique por su cuenta.

El vientre señala la dirección

Como ya ha aprendido anteriormente, el movimiento siempre parte del centro. La orientación según los puntos cardinales se establecerá respecto al ombligo. Por ejemplo, cuando digamos: «Gire hacia el este» significará que tiene que girar su ombligo hasta que apunte hacia el este.

Al practicar mire siempre horizontalmente hacia delante. Pero no fije la vista en ningún punto fijo, deje que ésta sea amplia para que pueda abarcar un campo visual lo más extenso posible. Cuide de tener sus manos siempre a la vista.

Por regla general, en las descripciones se indica primero el movimiento del centro y el movimiento de piernas que se produce como consecuencia de éste. Finalmente se describe el movimiento de los brazos, que se efectúa a la vez que el movimiento del centro.

Si no se indica lo contrario, las manos permanecerán en la posición básica («manos de la bella señorita», pág. 41).

Las posturas individuales están ordenadas de forma que le permitan una mejor comprensión del desarrollo del movimiento: los movimientos que se realizan simultáneamente están agrupados en un mismo párrafo. Cada párrafo señala una nueva fase del movimiento.

Empiece por leer el texto completo de una postura y luego desglósela punto por punto.

Las sugerencias prácticas que acompañan a casi todas las descripciones de las posturas es mejor que las lea cuando ya haya practicado la postura por lo menos una vez, así entenderá mejor a qué se refieren. Estas sugerencias y consejos le ayudarán a evitar los errores más frecuentes. Además se dan referencias respecto a los ejercicios básicos del segundo capítulo, y usted puede volver a consultarlo si desea profundizar en su práctica.

Consejos para no cometer errores

La forma del Tai Chi Chuan

Despertar el Qi (1)

Despertar el Qi (2)

Postura 1: Despertar el Qi

▶ Colóquese en la posición inicial orientado hacia el norte (**1**).
• Haga ascender lentamente ambos brazos hasta ponerlos en posición horizontal. Las manos apuntan hacia el norte y las palmas están orientadas hacia abajo (**2**).

• Deje que los brazos desciendan hasta alcanzar de nuevo la posición inicial.

Sugerencias para la práctica:
• Mantenga los hombros caídos, aun cuando los brazos realicen un movimiento ascendente.
• Deje los codos sueltos y sin hacer ninguna fuerza en los brazos.

Postura 2: Coger la cola del gorrión

Esta postura es la básica del Tai Chi Chuan. Se divide en cinco partes.

Defensa por la izquierda

▶ Lleve el 100 % de su peso sobre la pierna izquierda.

• Gire hacia el noreste (derecha), el pie derecho gira sobre el talón. Durante el giro deje que su mano derecha se coloque a la altura del pecho con la palma hacia abajo, mientras la mano izquierda se sitúa ante el vientre con la palma hacia arriba (**1**).

Postura 2: Coger la cola del gorrión

- Desplace el peso (100 %) a la pierna derecha y coloque el pie izquierdo unos 30 cm hacia el norte (delante).

- Lleve el 70 % de su peso a la pierna izquierda y gire hacia el norte (izquierda). El brazo izquierdo asciende al efectuar este desplazamiento de peso hasta que el antebrazo se sitúa frente al cuerpo casi en posición horizontal y con la palma de la mano dirigida hacia el pecho. Mientras tanto, la mano derecha desciende y se coloca en descanso con la palma por detrás de la cadera derecha (**2**).

Sugerencias para la práctica:
- Desplace el peso antes de empezar con las rotaciones.

- En el primer giro (en sentido noreste, a la derecha), los brazos se colocan en la posición de «sostener la pelota» que usted ya conoce (pág. 38).
- Antes de dar el paso con la pierna izquierda tiene que haber desplazado todo su peso a la pierna derecha, o al pie derecho.
- El paso con la pierna izquierda le colocará en la posición del paso.
- Cuando alcance la posición final de esta postura imagine que el brazo derecho forma un arco protector y defensivo ante su pecho.
- Mantenga relajados los hombros y los codos; déjelos caídos.

Defensa hacia la izquierda (1)

Defensa hacia la izquierda (2)

Defensa por la derecha

▶ Desplace su peso (100 %) sobre la pierna izquierda haciendo que el talón derecho deje de estar en contacto con el suelo.
• Gire su centro hacia el noreste (derecha).

Los brazos y las manos giran de forma que las palmas estén encaradas: el brazo izquierdo se mantiene en su posición, pero la rotación del centro del cuerpo lo sitúa ante el cuerpo a la altura del pecho, la palma de la mano se orienta hacia abajo. El brazo derecho también es desplazado por el centro del cuerpo y se coloca a la altura del vientre con la palma de la mano orientada hacia arriba (**1**).

• Levante el pie derecho del suelo y vuelva a colocarlo en el mismo lugar, pero orientado hacia el este.
• Desplace su peso (70 %) a la izquierda y gire hacia el este (derecha).

El pie izquierdo pivota sobre el talón hasta quedar orientado hacia el noreste.

El brazo derecho asciende hasta quedar casi horizontal ante el pecho y con la palma de la mano orientada hacia el cuerpo.

El brazo izquierdo desciende ligeramente de forma que al final esté algo más abajo que el brazo derecho. La mano izquierda se orienta hacia el este y la palma mira hacia abajo (**2**).

Defensa hacia la derecha (1)

Defensa hacia la derecha (2)

Postura 2: Coger la cola del gorrión

Sugerencias para la práctica:
- Mantenga la estabilidad sobre la pierna izquierda (de la rodilla hasta el pie) mientras gira, levanta el pie derecho y vuelve a apoyarlo.
- Al principio de la postura sus brazos y sus manos vuelven a ponerse en la posición de «aguantar la pelota» (pág 38) como ya vimos en la última fase de la postura anterior («Defensa hacia la derecha»), esta vez la mano izquierda está arriba y el brazo derecho es el que forma un arco protector.
- Al final de la posición del paso, el pie derecho puede colocarse algo más a la derecha de lo habitual, pero nunca deberá resbalar hacia la izquierda.
- Mantenga los hombros y los codos distendidos.

Retroceder

Retroceder

▶ Desplace su peso (100 %) hacia atrás sobre la pierna izquierda, y gire a continuación hacia el noreste (izquierda).

El brazo izquierdo describe un arco hacia abajo (hacia la izquierda) en el sentido de las agujas del reloj: la mano izquierda desciende, pasa ante el vientre y sube hasta llegar a la altura del hombro. La mano izquierda se orienta hacia el noroeste y su palma está dirigida hacia abajo (**foto de arriba**).

El brazo derecho describe un arco hacia arriba en sentido contrario a las agujas del reloj: la mano derecha asciende un poco, pasa ante el mentón y desciende ante el pecho hasta colocarse a la misma altura que la mano izquierda, su palma también está orientada hacia abajo.

Sugerencias para la práctica:
- Vigile que al acabar la rodilla izquierda y el pie izquierdo estén en la posición correcta. La rodilla ha de estar sobre la vertical del empeine del pie; el pie y la rodilla apuntan en la misma dirección.
- Los movimientos opuestos de los brazos ya los ha practicado us-

La forma del Tai Chi Chuan

Presionar

ted anteriormente en los ejercicios básicos (pág. 39).

Presionar

▶ Lleve su peso (70 %) hacia delante, cárguelo sobre la pierna derecha y gire hacia atrás en sentido este (derecha).

El brazo derecho traza el arco en sentido contrario a las agujas del reloj: la mano pasa ante el vientre y el brazo asciende hasta quedar casi horizontal ante el pecho con la palma de la mano orientada hacia el cuerpo.

El brazo izquierdo traza su arco en el sentido de las agujas del reloj y se adelanta pasando ante la cara. Se flexiona ligeramente el codo de forma que el antebrazo quede casi en posición vertical y la mano «caiga» en la mano derecha con los dedos dirigidos hacia arriba, las palmas se tocan suavemente.

Sugerencias para la práctica:
- El movimiento de los brazos es similar al de los «círculos opuestos» (pág. 39).
- La posición del brazo derecho es la del final de la posición de «defensa hacia la derecha».
- Al finalizar deje ambos codos sueltos.
- Durante las fases de «retroceder» (pág. 77) y «presionar» los pies no se mueven y mantienen siempre un contacto estable con el suelo.

Empujar

▶ Lleve su peso (100 %) hacia atrás a la pierna izquierda.

Las manos se separan y se acercan más al pecho. Las palmas de las manos están orientadas hacia delante y hacia abajo (**1**).
- Desplace el peso (70 %) otra vez hacia delante y cárguelo sobre la pierna derecha; mantenga los brazos ante el pecho (**2**).

Sugerencias para la práctica:
- Concéntrese en el desplazamiento del peso del centro hacia atrás y hacia delante e imagine

Postura 3: El látigo

Empujar (1)

Empujar (2)

te cerca del pecho y no los extienda.
• Cuide de que quede un espacio libre bajo las axilas.

Postura 3: El látigo

▶ Desplace el peso (100 %) hacia atrás y apóyelo sobre la pierna izquierda.

Simultáneamente, extienda los brazos hacia el este (delante) hasta que estén casi en posición horizontal.
• Gire hacia el norte (izquierda). El pie derecho y los dos brazos acompañan el movimiento hacia el norte (**1**, pág. 80).
• Lleve el peso (100 %) a la pierna derecha. La mano derecha adoptará la forma de «cabeza de pájaro» (pág. 41); el codo derecho desciende de forma que la «cabeza de pájaro» se aproxime al hombro derecho.

El brazo izquierdo describe un arco en sentido contrario a las agujas del reloj: la mano desciende y pasa ante el vientre y la cadera derecha. La palma de la mano se orienta hacia arriba, hacia la «cabeza de pájaro» (**2**, pág. 80).
• Gire hacia el noroeste (izquierda) y dé un paso a la izquierda con su pierna izquierda,

que quiere empujar algo para apartarlo de usted.

• El movimiento de los brazos es bastante reducido. Al efectuar el desplazamiento del peso hacia delante manténgalos relativamen-

La forma del Tai Chi Chuan

El látigo (1)

El látigo (2)

el pie está orientado hacia el oeste (**3**).

- Desplace su peso (70 %) a la pierna izquierda, gire el centro hacia el oeste. El pie derecho pivota sobre el talón hacia el noroeste.

El brazo izquierdo describe su arco en sentido contrario al de las agujas del reloj: la mano asciende y pasa por delante de la cara hasta que la palma se orienta hacia el oeste. El brazo izquierdo queda extendido hacia el oeste.

El látigo (3)

El látigo (4)

Postura 4: Alzar las manos

El brazo derecho se estira durante el desplazamiento del peso y al final queda apuntando hacia el norte (4).

Sugerencias para la práctica:
- Aunque los brazos estén extendidos, los codos han de permanecer siempre algo caídos y nunca se han de extender del todo.
- Durante la rotación hacia el noroeste y los pasos, usted ha de permanecer firmemente apoyado sobre la pierna derecha.
- Al principio es posible que no le sea fácil dar el paso con la pierna izquierda.

Intente realizar el paso a la izquierda con la máxima suavidad. No se trata de desplazarse todo lo posible hacia el oeste. La posición final es la del paso hacia la izquierda (pág. 43), es decir, con la pierna izquierda adelantada.

Postura 4: Alzar las manos

▶ Desplace su peso (100 %) a la pierna izquierda y gire hacia el noroeste.

El pie derecho abandona su posición y resbala un poco hacia el oeste (izquierda). Póngalo en la «posición de los talones» (pág. 45) con los dedos orientados hacia el norte.

Ambos brazos descienden describiendo un arco hasta el vientre y luego vuelven a ascender hasta llegar a la altura del pecho. La mano derecha abandona la posición de la «cabeza de pájaro» y vuelve a adquirir la de «mano de bella señorita» (pág. 41).

Al acabar, los dedos están orientados hacia el noroeste y las palmas de las manos están encaradas. La mano derecha está algo más adelantada.

Sugerencias para la práctica:
- Apóyese firmemente sobre la pierna izquierda.

Alzar las manos

- Deje que el pie derecho resbale sobre el suelo, pero no dé ningún paso.
- Si deja la pierna derecha relajada, el pie se pondrá por sí solo en la posición correcta.
- Al efectuar la última parte del movimiento de brazos imagine que está levantando algo y cuide de que los brazos no estén pegados al cuerpo, sino que quede algo de espacio libre bajo las axilas.
- También puede realizar el movimiento hacia el norte. En ese caso, el Dan Tian y las manos estarán orientados hacia el norte. En este caso, preste especial atención a la pierna de apoyo (rodilla en la vertical del empeine del pie).

Postura 5: La grulla blanca extiende sus alas

▶ Gire un poco hacia el oeste (izquierda) y deje que el pie derecho siga el giro apoyado sobre el talón hasta que quede orientado hacia el noroeste.
- Apoye el pie derecho y desplace todo su peso (100 %) a la pierna derecha.
- Gire hacia el oeste. El pie izquierdo se desliza un poco hacia la derecha ante el pie derecho en la «posición del gato», orientado hacia el oeste (pág. 45).

Ambos brazos describen arcos en el sentido de las agujas del reloj: la mano izquierda pasa ante el vientre hasta colocarse a la izquierda junto a la cadera. La palma está orientada hacia abajo y hacia atrás.

La mano derecha sigue a la izquierda (**1**). Luego asciende ante el pecho y pasa ante la cara hasta colocarse a la derecha junto a la sien. Los dedos apuntan hacia arriba. El brazo derecho gira hasta que la palma de la mano esté orientada hacia el oeste (**2**).

Sugerencias para la práctica:
- Manténgase de pie firmemente apoyado sobre la pierna derecha y

La grulla blanca extiende sus alas (1)

Postura 6: Cepillar la rodilla

La grulla blanca extiende sus alas (2)

deje la pierna y el pie izquierdos relajados.
- Cuando relaje la pierna izquierda, el pie izquierdo se deslizará hasta colocarse por sí solo en la «posición del gato».
- Aunque levante el brazo derecho, el hombro derecho ha de permanecer relajado.
- Ambas manos han de estar un poco por delante del cuerpo; ha de tenerlas a ambas en su campo visual.
- Imagínese que sus brazos y manos están realizando un movimiento defensivo. La mano izquierda protege el vientre mientras que la derecha protege el pecho y la cara.
- También puede imaginar que es una grulla: el ala izquierda se despliega hacia abajo a la izquierda y el ala derecha lo hace hacia arriba a la derecha.

Postura 6: Cepillar la rodilla

▶ Gire hacia la derecha hasta orientarse al norte. El brazo derecho describe un arco en sentido contrario al de las agujas del reloj: la mano derecha desciende, pasa ante el vientre y vuelve a ascender hasta situarse un poco por debajo de la altura del hombro. Los dedos apuntan hacia el noreste y la palma de la mano está orientada hacia abajo.

La mano izquierda asciende y describe un arco hasta delante del pecho. La palma de la mano queda orientada hacia abajo y los dedos apuntan hacia el noroeste como la mano derecha (**1**).
- Gire hacia la izquierda hasta quedar orientado al noroeste. La mano derecha continúa su arco y sube hasta colocarse junto a la oreja; los dedos apuntan hacia arriba y la palma hacia la oreja.

La mano izquierda también sigue su arco; desciende hasta el vientre, la palma está orientada hacia el cuerpo y los dedos apuntan al suelo.
- Efectúe un paso a la izquierda con el pie izquierdo, de manera

La forma del Tai Chi Chuan

Cepillar la rodilla (1)

Cepillar la rodilla (2)

que el pie queda orientado hacia el oeste (**2**).

- Desplace su peso (70 %) a la pierna izquierda y gire hacia el oeste (izquierda). Al mismo tiempo se extiende el brazo derecho hacia el oeste (delante) de forma que la mano derecha se coloque hacia delante, la palma estará orientada hacia abajo y hacia delante.

La mano izquierda pasa ante el muslo izquierdo y se sitúa al lado de la cadera izquierda; la palma de la mano está orientada hacia abajo y hacia atrás (**3**).

Cepillar la rodilla (3)

Sugerencias para la práctica:
- El paso con la pierna izquierda le colocará en la posición del paso. Si se siente más cómodo, colóquela más hacia fuera que hacia delante.

- En la última parte del movimiento puede imaginar que la mano izquierda está parando un golpe dirigido al vientre mientras que la derecha empuja al agresor para apartarlo.

Postura 7: Tocar el laúd

▶ Desplace su peso (100 %) a la pierna izquierda y adelante un poco el pie derecho. Manténgalo detrás del pie izquierdo y orientado hacia el noroeste (**1**).

• Desplace su peso (100 %) hacia atrás y cárguelo sobre el pie derecho; el pie izquierdo se desliza suavemente hacia la derecha en la «posición de los talones». Los dedos quedan orientados hacia el oeste.

La mano izquierda se alza hasta colocarse ante el cuerpo a la altura de la rodilla. Los dedos están orientados hacia arriba y hacia delante, y la palma mira hacia del norte (derecha).

La mano derecha baja describiendo un pequeño arco hacia la izquierda hasta llegar al codo izquierdo. Los dedos apuntan hacia delante y la palma está orientada hacia el codo (**2**).

Sugerencias para la práctica:
• Cuando haya desplazado el peso a la pierna derecha deje la izquierda relajada.
• Al final el brazo izquierdo describe un gran arco, pero no ha de estar extendido.
• Deje un espacio libre bajo las axilas.

Tocar el laúd (1)

Tocar el laúd (2)

Postura 8: Cepillar la rodilla

Este movimiento es una repetición del de la postura 6 (páginas 83-84). La posición de partida se diferencia un poco por la colocación de los pies y los brazos.

▸ Gire hacia la derecha hasta quedar orientado al norte. El brazo derecho describe un arco en el sentido contrario al de las agujas del reloj: la mano derecha desciende, pasa ante el vientre y vuelve a ascender hasta colocarse un poco por debajo de la altura del hombro. Los dedos apuntan hacia el noreste y la palma de la mano hacia abajo.

La mano izquierda asciende y describe un arco ante el pecho.

La palma de la mano queda orientada hacia abajo en dirección noreste como la mano derecha (**1**).

• Gire hacia la izquierda hasta quedar orientado al noroeste.

La mano derecha continúa trazando su arco y asciende hasta colocarse ante la oreja; los dedos apuntan hacia arriba y la palma de la mano hacia la oreja.

La mano izquierda también continúa su movimiento; desciende hasta el vientre, de manera que la palma quede orientada hacia el cuerpo y los dedos apunten hacia el suelo.

• Dé un paso a la izquierda con el pie izquierdo. El pie quedará orientado hacia el oeste (**2**).

Cepillar la rodilla (1)

Cepillar la rodilla (2)

• Desplace el peso (70 %) a su pierna izquierda y gire hacia el oeste (izquierda). Mientras realiza el desplazamiento de peso y el giro, el brazo derecho se extiende hacia el oeste (delante) de forma que la mano derecha quede

Postura 9: Dar un paso, girar, bloquear, puñetazo

Cepillar la rodilla (3)

hacia delante y con la palma orientada hacia abajo. La mano izquierda pasa ante el muslo izquierdo y se detiene al lado de la cadera izquierda; la palma queda orientada hacia detrás y hacia abajo (**3**).

Postura 9: Dar un paso, girar, bloquear, puñetazo

▶ Desplace de nuevo su peso (100 %) al pie derecho. La mano derecha baja a la altura del abdomen, pero conserva su distancia respecto al cuerpo.
• Gire hacia el suroeste (izquierda), el pie izquierdo acompaña el movimiento pivotando sobre el talón.

La mano derecha sigue descendiendo hasta colocarse a la altura de la ingle y cierra el puño (**1**).

• Apoye el pie izquierdo y desplace el peso (100 %) a la pierna izquierda.
El puño derecho asciende por delante del abdomen.
La mano izquierda sube hasta la altura del hombro por la izquierda y hacia arriba, apunta hacia el sur (**2**).
• Gire hacia el noroeste (derecha), mientras el pie derecho da un paso hacia delante y se orienta también hacia el noroeste.
El puño derecho sigue desplazándose en sentido de las agujas del reloj y asciende hasta colocar-

Dar un paso, girar, bloquear, puñetazo (1)

La forma del Tai Chi Chuan

Dar un paso, girar, bloquear, puñetazo (2)

Dar un paso, girar, bloquear, puñetazo (3)

se a la altura del torso; está orientado hacia el oeste, el dorso de la mano se gira hacia abajo.

La mano izquierda también describe un arco en el sentido de las agujas del reloj: efectúa un movimiento circular hacia la derecha hasta colocarse por encima de la muñeca derecha, la palma de la mano queda orientada hacia la muñeca derecha (**3**).

• Desplace su peso (100 %) a la pierna derecha. El pie izquierdo da un paso hacia delante y

Dar un paso, girar, bloquear, puñetazo (4)

Dar un paso, girar, bloquear, puñetazo (5)

Postura 10: Empujar

se coloca en la posición del paso orientado hacia el oeste. Al mismo tiempo el puño derecho regresa junto a la cadera derecha.

La mano izquierda se desplaza ligeramente hacia delante (**4**).

- Desplace su peso (70 %) hacia delante, cárguelo sobre su pierna izquierda y gire hacia el oeste. Lance el puño derecho hacia delante y gire el dorso de la mano hacia el norte (derecha). La mano izquierda se aproxima al cuerpo y se coloca en la posición final sobre la muñeca derecha, la palma se orienta hacia abajo (**5**).

Sugerencias para la práctica:
- Cierre el puño suavemente y sin presionar.
- La longitud del paso que se da con la pierna derecha es similar a la de la posición del paso, sólo que el pie no queda orientado perfectamente hacia delante, sino en diagonal.
- En esta segunda parte de la postura la mano izquierda y el brazo derecho se mueven muy poco.

Procure realizar cada fase del movimiento por separado, es decir, no empiece de entrada a efectuar giros, pasos o desplazamientos de peso.

Empujar (1)

Empujar (2)

Postura 10: Empujar

▶ Desplace su peso (100 %) hacia atrás y cárguelo en la pierna derecha. Las manos se aproximan

La forma del Tai Chi Chuan

más al torso y el puño derecho se abre. Las palmas de las manos se orientan hacia delante y hacia abajo (**1**, pág. 89).

- Desplace su peso (70 %) moviendo un poco los brazos hacia delante y a la izquierda (**2**, pág. 89).

Sugerencias para la práctica:
- El movimiento de los brazos es mínimo. Durante el desplazamiento del peso mantenga los brazos hacia delante y bastante cerca del torso, pero sin extenderlos.

Postura 11: Cruzar las manos

▸ Desplace su peso (100 %) hacia atrás y cárguelo en la pierna derecha.

Extienda un poco los brazos.
- Gire hacia el norte (derecha) dejando que el pie izquierdo acompañe el movimiento pivotando sobre el talón.

La mano derecha se desplaza hacia la derecha pasando por delante de la cara; los dedos apuntan hacia arriba y la palma de la mano hacia delante (norte).

El brazo izquierdo también gira un poco hasta que la mano se orienta hacia el noroeste (**1**).
- Desplace su peso (100 %) a la pierna izquierda y coloque su pie derecho paralelo al izquierdo y con la separación de los hombros. Los brazos inician un movimiento circular: las manos descienden hacia las caderas (**2**).

Cruzar las manos (1)

Cruzar las manos (2)

Postura 11: Cruzar las manos

Cruzar las manos (3)

- Distribuya su peso a partes iguales sobre ambos pies. Los brazos continúan su movimiento: las manos pasan ante el cuerpo hasta colocarse a la altura de los hombros. Los brazos forman una cruz ante el pecho; las palmas de las manos quedan orientadas hacia el cuerpo (**3**).
- Deje que las manos desciendan hasta quedar en la posición inicial.
- Deténgase en la postura inicial, considere qué tal se encuentra y decida el tiempo que desea permanecer de pie.

Sugerencias para la práctica:
- Al efectuar el giro hacia la derecha asegúrese de estar bien apoyado sobre el pie derecho.
- Mantenga el hombro derecho caído.
- El pie derecho se coloca en la posición del paso de la postura inicial (pág. 30).
- Al cruzar los brazos no importa cuál sea el que esté delante.
- No mantenga los codos demasiado cerca del cuerpo.

Una vez alcanzada la postura inicial puede efectuar otra repetición pasando directamente a la postura 2 «coger la cola del gorrión» (pág. 74).

Efectúe tantas repeticiones como desee.

Sobre este libro

El Tai Chi Chuan es un arte de la antigua China en el que se funden elementos tan aparentemente contradictorios como las artes marciales, la gimnasia terapéutica y la meditación, y cuya meta suprema es lograr la armonía entre cuerpo, mente y alma.

Desde hace muchos años, este arte tan apasionante cuenta con un creciente número de practicantes en Occidente.

Este libro está dirigido a aquellos que quieran acercarse por primera vez a este fascinante arte del movimiento de la antigua China. Le informará acerca de la historia y los orígenes del Tai Chi Chuan y de su inclusión en la filosofía y medicina tradicionales de China.

La parte principal de este libro está dedicada a la práctica del Tai Chi Chuan y consta de numerosos ejercicios debidamente ilustrados. Estos ejercicios no necesitan ninguna preparación previa y son apropiados para todas aquellas personas, de cualquier edad, que deseen obtener más equilibrio y relajación.

La parte práctica se divide en:
- ejercicios sencillos y sistemáticamente estructurados que le permitirán conocer las bases del Tai Chi Chuan,
- ejercicios preparatorios para el Tai Chi Chuan a base de aflojamientos, estiramientos e ampliación de la respiración,
- el aprendizaje, paso a paso, de una forma abreviada de Tai Chi Chuan, que será la culminación de sus ejercicios.

Sobre el autor

Helmut Oberlack, nacido en 1958, estudió deporte, historia y pedagogía en Hamburgo. Desde 1981 enseña Tai Chi Chuan con Christa Proksch, y desde 1987 también con Sui Qing Bo. Desde 1985 da clases de Ciencias del Deporte en la Universidad de Hamburgo. Perfecciona el Qi Gong desde 1984. Fue cofundador de la Netzwerkes für Taijiquan und Qigong y hasta 1998 trabajó como redactor jefe de la revista DAO.

Índice alfabético

Activar los meridianos, 17
Acupresión, 16
Acupuntura, 16
Aflojar las muñecas, 61
Agitarse, 59
Alternancia, 8
Apertura de las articulaciones, 50
Armonía, 9
Artes marciales, 10, 12
Articulaciones, 19
Autodefensa, 13
Autoprotección, 13

Cabeza de pájaro, 41
Cambio de tensión y relajación, 18
Caminar, 42
Capacidad de concentración, 22
Capacidad de coordinación, 22
Centro del cuerpo, 34
Centro energético del cuerpo, 17
Chang Shan Feng, 10
Ciencia nutricional china, 16
Círculos opuestos, 39
Cogerse los pies, 64
Columna vertebral, 19

Dan Tian, 17
Debilidad muscular, 23
Defensa hacia atrás, 74
Defensa hacia la derecha, 76
Dejar los brazos colgando, 59
Desplazamiento del peso, 33
Disciplina, 13
Doblar la cabeza, 64

Educar la concentración, 15
Efectos para la vida cotidiana, 21

Ejercicio básico del Dan Tian, 69
Ejercicio de la cuerda con las piernas, 51
Ejercicio de la cuerda con los brazos, 49
Ejercicio terapéutico, 11
Ejercicios de aflojamiento, 58
Ejercicios para las piernas, 63
Ejercicios respiratorios, 68
Eliminar tensiones, 69
Embarazo, 23
Empujar, 78
Energía cósmica, 9
Enfermedades de los pies, 19
Erguir la columna vertebral, 32
Estilo de la familia Chen, 11
Estilo Hao, 11
Estilo Lee, 11
Estilo Wu, 11
Estilo Yang, 11
Estimular la circulación sanguínea, 18
Estiramientos, 62
Estiramientos de nuca, 68
Estiramientos del torso, 64
Extender los brazos lateralmente, 67

Forma, 9
Forma de 24 figuras, 12
Forma de Beijing, 12
Forma del estilo Yang, 72
Forma natural de moverse, 30
Formas largas y cortas, 11
Frotar la región renal, 61

Girar la columna vertebral, 65
Girar las articulaciones, 58
Girar los hombros, 35

Índice alfabético

Golpear el cuerpo, 60

Imagen budista del mundo, 13
Imagen taoísta del mundo, 13

Lograr el equilibrio de Yin y Yang, 17

Manipulación dirigida, 21
Mano de la bella señorita, 41
Medicina occidental, 18
Medicina tradicional china, 16
Meditación en movimiento, 14
Mejora de la digestión, 21
Mejora del flujo del Qi, 17
Mejorar la circulación, 18
Mejorar la sensación de bienestar, 17
Movimiento integral, 48
Movimiento según la mente, 47
Movimientos de los brazos, 38
Movimientos naturales, 10
Movimientos, mejorar los, 15
Moxibustión, 16

Observación atenta, 48
Ocho acostado, 61
Orientación según los puntos cardinales, 73
Origen de los distintos estilos, 11

Paciencia, 13, 21
Parasimpático, 20
Polaridades, 8
Posición de los talones, 45
Posición del gato, 45
Posición del paso, 43
Postura incorrecta de las muñecas, 22

Postura inicial, 32
Postura relajada del cuerpo, 30
Practicar con música, 28
Presionar, 78
Problemas circulatorios, 22
Problemas de rodillas, 22
Puño, 41

Qi Gong, 16
Qi respiratorio, 52
Qi, 9

Rebelión de los Boxers, 12
Recogimiento doble del Qi, 71
Relajación, 21
Respiración abdominal, 53
Respiración abdominal inversa, 54
Respiración profunda, 19
Respiración torácica, 52
Respiración y movimiento, 70
Retroceder, 77
Rotación del cuerpo, 36

Shi-Shen, 18
Simpático, 20
Sistema nervioso central, 20
Sostener el cielo, 66
Sostener la pelota, 38

Tai Chi Chuan, 8
Terapia preventiva, 12

Yang, 8
Yang Lu Chan, 11
Yin, 8
Yuan-Shen, 1

ADVERTENCIA

Este libro va dirigido a aquellas personas que desean emplear el Tai Chi Chuan para lograr una mejor armonía de movimientos, para aumentar su flexibilidad y su bienestar, para mejorar y conservar su salud y, en definitiva, para alcanzar una mayor plenitud vital. Los ejercicios de este antiguo arte chino descritos en el libro son muy útiles tanto para el principiante que desea iniciarse en este método como para personas con más experiencia que deseen profundizar sus conocimientos y disponer de un programa de ejercicios.

Es responsabilidad única y exclusiva del lector decidir cuáles de estos ejercicios es capaz de practicar, y hasta qué punto. También deberá tener muy en cuenta las advertencias acerca de los riesgos que pueden suponer ciertos ejercicios si se han sufrido determinadas enfermedades. En caso de la más mínima duda, el lector deberá consultar a un médico antes de realizar los ejercicios.

Crédito de fotografías: Fotos: Mike Masoni.

Título de la edición original: **Tai Ji Quan**

Es propiedad, 2001
© **Gräfe und Unzer Verlag GmbH,** Munich.

© de la traducción: **Enrique Dauner.**

© de la edición en castellano, 2004:
Editorial Hispano Europea, S. A.
Primer de Maig, 21 - Pol. Ind. Gran Via Sud
08908 L'Hospitalet - Barcelona, España.
E-mail: hispanoeuropea@hispanoeuropea.com

Quedan rigurosamente prohibidas, sin la autorización escrita de los titulares del «Copyright», bajo las sanciones establecidas en las Leyes, la reproducción total o parcial de esta obra por cualquier medio o procedimiento, comprendidos la reprografía y el tratamiento informático, y la distribución de ejemplares de ella mediante alquiler o préstamo públicos, así como la exportación o importación de esos ejemplares para su distribución en venta fuera del ámbito de la Unión Europea.

Depósito Legal: B. 341466-2004.

ISBN: 84-255-1548-3.

Consulte nuestra web:
www.hispanoeuropea.com

IMPRESO EN ESPAÑA   PRINTED IN SPAIN

LIMPERGRAF, S. L. - Mogoda, 29-31 (Pol. Ind. Can Salvatella) - 08210 Barberà del Vallès